ACCESO GRATIS a la Lectura en la Nube

Para visualizar el libro electrónico en la nube de lectura envíe junto a su nombre y apellidos una fotografía del código de barras situado en la contraportada del libro y otra del ticket de compra a la dirección:

ebooktirant@tirant.com

En un máximo de 72 horas laborables le enviaremos el código de acceso con sus instrucciones.

AF275989

La visualización del libro en **NUBE DE LECTURA** excluye los usos bibliotecarios y públicos que puedan poner el archivo electrónico a disposición de una comunidad de lectores. Se permite tan solo un uso individual y privado.

EL MAESTRO DEL SIGLO XXI: DESARROLLO COMPETENCIAL EN GRUPOS DE ALTO RENDIMIENTO

COMITÉ CIENTÍFICO DE LA EDITORIAL TIRANT HUMANIDADES

MANUEL ASENSI PÉREZ
Catedrático de Teoría de la Literatura y de la Literatura Comparada
Universitat de València

RAMÓN COTARELO
Catedrático de Ciencia Política y de la Administración de la Facultad de Ciencias Políticas y
Sociología de la Universidad Nacional de Educación a Distancia

Mª TERESA ECHENIQUE ELIZONDO
Catedrática de Lengua Española
Universitat de València

JUAN MANUEL FERNÁNDEZ SORIA
Catedrático de Teoría e Historia de la Educación
Universitat de València

PABLO OÑATE RUBALCABA
Catedrático de Ciencia Política y de la Administración
Universitat de València

JOAN ROMERO
Catedrático de Geografía Humana
Universitat de València

JUAN JOSÉ TAMAYO
Director de la Cátedra de Teología y Ciencias de las Religiones
Universidad Carlos III de Madrid

Procedimiento de selección de originales, ver página web:

www.tirant.net/index.php/editorial/procedimiento-de-seleccion-de-originales

Directoras

Maria Felicidad Tabuenca Cuevas
Beatriz Delgado Domenech

EL MAESTRO DEL SIGLO XXI: DESARROLLO COMPETENCIAL EN GRUPOS DE ALTO RENDIMIENTO

tirant humanidades
Valencia, 2025

Director de la colección:
JUAN MANUEL FERNÁNDEZ SORIA

© Varios autores y autoras

© TIRANT HUMANIDADES
EDITA: TIRANT HUMANIDADES
C/ Artes Gráficas, 14 - 46010 - Valencia
TELFS.: 96/361 00 48 - 50
FAX: 96/369 41 51
Email: *tlb@tirant.com*
www.tirant.com
Librería virtual: *www.tirant.es*
DEPÓSITO LEGAL: V-3104-2025
ISBN: 978-84-1081-406-6

Índice

1ª Parte: Profesorado y formación

1. ¿Cuáles son las necesidades formativas del profesorado que imparte docencia en grupos Alto Rendimiento Académico y utiliza *English as a Medium of Instruction?* 13

2. Interculturalidad en la formación del profesorado de grupos impartidos en inglés 25

2° Parte: Alumnado y el perfil motivacional

3. Motivaciones del alumnado para formar parte de un grupo ARA en el Grado de Educación Primaria...51

4. Grupo ARA e internacionalización: ¿un catalizador para las competencias lingüísticas e interculturales?..................................61

3ª Parte: Casos prácticos e investigación sobre el grupo ARA en asignaturas específicas del Grado

5. La enseñanza problematizada de las ciencias con los grupos ARA en la formación de maestros... 81

6. Experiencias en Didáctica de la Geografía en el grupo ARA del Grado de Maestro en Educación Primaria....................................95

7. La formación de futuros maestros de matemáticas de Educación Primaria: una experiencia con el grupo ARA...........................109

4ª Parte: El grupo ARA en una región plurilingüe

8. Grupos de Alto Rendimiento Académico (ARA) y Didáctica de la Lengua Española y sus Literaturas desde la perspectiva de tres asignaturas obligatorias 123

9. Uso de la lengua valenciana como medio para fortalecer las competencias profesionales de maestros/as en formación. 141

Este libro es una recopilación de experiencias formativas, de investigación y reflexiones sobre el Grupo de Alto Rendimiento Académico en el Grado de Maestro en Educación Primaria de la Facultad de Educación de la Universidad de Alicante. Su propósito principal es analizar la implantación y consolidación del grupo ARA tanto desde la perspectiva de la formación del profesorado como del alumnado.

La primera parte de este libro se compone de dos capítulos que presentan las necesidades específicas tanto lingüísticas como interculturales para el perfil del docente que imparte en el grupo ARA. En el primer capítulo, se presenta el plan de formación subrayando la importancia para crear comunidades de aprendizaje y la necesidad de obtener la certificación por parte de la Universidad que acredite las competencias lingüísticas y metodológicas del profesorado que participa en estos grupos.

La impartición de asignaturas en lengua inglesa ha favorecido la internacionalización de la facultad a través de los alumnos Erasmus y de Movilidad Global. Por tanto, en este segundo capítulo se profundiza sobre la formación intercultural necesaria para integrar este alumnado en los grupos ARA.

La segunda parte de este libro indaga sobre las distintas motivaciones del alumnado para pertenecer al grupo ARA. En este sentido, el interés por formar parte de este grupo no se enmarca únicamente en las características formales del grupo como ratio, horario, etc. si no, por la oportunidad de afianzar sus competencias lingüísticas que les permiten optar a programas de movilidad internacional durante el Grado.

El tercer apartado analiza distintas propuestas prácticas y de investigación en asignaturas específicas del grupo ARA. Así, se profundiza sobre acciones pedagógicas en las materias de Ciencias experimentales, Geografía, y Matemáticas. Concretamente, se reflexiona sobre el uso y utilidad de las viñetas en la asignatura de Didáctica de las matemáticas: Sentido numérico. En la asignaturas de Didáctica de las Ciencias experimentales, demuestra que el alumnado alcanza los resultados de aprendizaje sin obstáculos por motivos lingüísticos. Respecto a la asignatura de Didáctica de ciencias sociales: geografía, se reflexiona sobre la metodología de enseñanza de ciencias sociales en inglés, concluyendo con la necesidad de emplear metodologías que promuevan la participación activa, la creatividad, la conexión con el entorno y el pensamiento crítico. La cuarta y última parte del libro presenta reflexiones y un estudio del uso de los otros dos idiomas oficiales en asignaturas del grupo ARA, como son la Lengua Castellana y Lengua Valenciana. En lengua castellana se presenta una visión global del cumplimiento de los objetivos en el grupo ARA comparación con los otros grupos de las materias. Finalmente, las competencias plurilingües son analizadas en el último estudio haciendo especial hincapié sobre el uso de valenciano en el grupo ARA.

La publicación de este libro ha sido financiada por el Instituto de Ciencias de la Educación de la Universidad de Alicante (REDES/XARXES Nº: 4956 y 4639 para la mejora de la calidad del Grado de Maestro en Educación Primaria).

1ª Parte:
Profesorado y formación

¿Cuáles son las necesidades formativas del profesorado que imparte docencia en grupos Alto Rendimiento Académico y utiliza *English as a Medium of Instruction?*

M. Tabuenca Cuevas y J. Fernández Molina

1. INTRODUCCIÓN

Como resultado del proceso de Bolonia en Europa, existe una tendencia general, cada vez mayor en la política y la gestión de la educación en el espacio europeo, a seguir estrategias de internacionalización. Encuestas en toda Europa muestran los esfuerzos de las Instituciones de Educación Superior (IES) por la creación de programas de inglés como medio de instrucción (EMI) en países que no hablan inglés como primer idioma (Coleman, 2006; Costa & Coleman, 2013). Según las encuestas (Wächter & Maiworm, 2007; 2014), los programas EMI en el nivel de pregrado y posgrado se triplicaron en cinco años y estudios adicionales afirman que hasta el 60% de los cursos de posgrado en Europa se imparte a través de EMI (Macaro, 2014). Es necesario definir el concepto de EMI, por tanto. Utilizamos para ello la definición de Pecorari y Malmström (2018:499), cuya revisión de las publicaciones sobre la temática permite identificar cuatro características clave: a) el inglés es el idioma utilizado con fines educativos; b) el inglés no es en sí mismo la materia que se enseña; c) el desarrollo del lenguaje no es un resultado primario previsto; d) para la mayoría del estudiantado del entorno, el inglés es un segundo idioma.

En la Universidad de Alicante (UA) se estableció el primer grupo de Alto Rendimiento Académico (ARA) en la Facultad de Educación en el curso 2018-19. Una de las características de estos grupos es la impartición de asignaturas en inglés que requiere que el alumnado y profesorado tengan, como mínimo, un nivel B2 de inglés que equivale a un nivel intermedio alto. Según el Marco Común de Referencia de las Lenguas, un alumno que ha alcanzado el nivel B2 (después de 600 y 850 horas de estudio) puede entender: textos más largos y su significado implícito; discurso prolongado sobre temas abstractos con relativa facilidad y finalmente detalles en textos complejos, incluso si no están relacionados con su propia especialidad (EF Education, 2024). Aunque en teoría los profesores también pueden tener un nivel B2, se puede constatar que la mayoría tienen un nivel C1 (después de 900 y 1200 horas de estudio) que les permite: "un dominio operativo eficaz" (EF Education, 2024) que implica que pueden entender: prácticamente todo lo escuchado o leído con facilidad; todo el lenguaje hablado a un ritmo nativo rápido y finalmente texto y textos literarios abstractos y estructuralmente complejos. Por tanto, los profesores con un nivel de inglés alto certificado y al menos un sexenio de investigación son los docentes que participan en estos grupos ARA.

1.1 Política Lingüística en la Universidades en España

Hace una década, los estudios en el contexto europeo sobre el impacto de programas EMI empezaron a florecer. Los resultados sobre España hacían hincapié sobre varios factores clave en ese momento. Se pone de relieve que, históricamente, las universidades españolas se han caracterizado por un número relativamente bajo de programas EMI (Wächter & Maiworm, 2014). Se proponen al menos dos razones para esta situación: la popularidad y el gran número de hablantes del español, lo que refuerza el peso de esta última lengua como idioma internacional; y el bajo nivel de competencia lingüística en inglés de muchos estudiantes en España (Dafouz, 2014).

El MECD publicó en 2015 el plan *Estrategia para la Internacionalización de las Universidades Españolas 2015-2020*. Uno de los planes estratégicos consiste en incrementar el número de programas de "Grado y Máster impartidos en inglés y otras lenguas extranjeras" (p. 41). Esto va de la mano de "promover el aprendizaje de un nivel suficiente de inglés por todo el PDI, PAS y cargos académicos" (p.41). Una de las maneras de realizar este paso es "establecer incentivos a nivel institucional para el perfeccionamiento del inglés y otras lenguas extranjeras por el PDI y PAS" (p. 41). Muchos profesores se centran en el dominio del idioma y la capacidad de hablar sobre su disciplina con autoridad y conocimiento ocupa un lugar destacado en su lista de prioridades.

Como resultado de estas iniciativas, en los últimos años, se ha producido un cambio en las universidades españolas, que, cada vez más, ofrecen tanto grados como posgrados completa o parcialmente en inglés bajo el paraguas de EMI (Doiz & Lasagabaster, 2018). Esto ha permitido estudios sobre los múltiples factores que se ven afectados por la implementación de EMI recogidos por Curle et al. (2020), y Wilkinson y Gabriëls (2021), que han señalado algunos de los estudios más relevantes para el contexto de España. Hay investigaciones en el área de motivación (Doiz & Lasagabaster, 2018), sobre las opiniones de las partes interesadas (Aguilar, 2017), los resultados del aprendizaje (Dafouz & Smit, 2016), y el impacto de EMI en el multilingüismo y los idiomas minoritarias. (Lasagabaster, 2015). Sin embargo, hay menos estudios sobre cómo se imparte la docencia y las necesidades formativas del profesorado, aunque esto puede afectar al alumnado (Hernández-Nanclares & Jiménez-Muñoz, 2017).

1.2 La formación y certificación del profesorado EMI

La literatura en este campo revela una gama ecléctica de enfoques para la formación y acreditación de docentes que trabajan en esta área. Se pueden encontrar propuestas de formación y de certificación para el profesorado EMI muy diversas en universidades europeas. Hay investigadores que abogan por los programas de formación durante el periodo de actividad (Méndez-García & Luque Agulló, 2020). Otros investigadores, como Lauridsen (2017), indican que estos programas deberían incorporar distintas actividades como talleres y seminarios hasta la observación y reflexión individual. Ploettner (2019) subraya la interdisciplinariedad de este tipo de formación y la necesidad de preparar formadores de docentes en idiomas de EMI en la colaboración interdisciplinaria fundamental para EMI. Asimismo, se hace un especial hincapié en la necesidad de una certificación específica de EMI para el profesorado (Macaro et al, 2019). Existen distintos tipos de certificación. Algunos centros utilizan cursos y pruebas externas de organizaciones internacionales como los de Cambridge, que ofrecía hasta 2023 un *Certificate in EMI Skills*. En otros casos, son los IES los que certifican a través de una prueba/examen. Es el caso del *Test of Oral English Proficiency for Academic Staff*–TOEPAS (Dimova, 2018; 2020). Este examen consiste en la realización de una mini-conferencia de 20 minutos que se graba, y la evaluación consiste en un extenso informe formativo para aumentar la conciencia de los profesores sobre sus propias fortalezas y debilidades lingüísticas. Otro ejemplo es el *Interuniversity Test of Academic English*–ITACE (van Splunder et al, 2022), que tiene dos partes; unas pruebas online de destrezas lingüísticas (gramática, vocabulario, lectura y audio) además de una segunda parte escrita y oral. El tercer tipo de certificación en otras universidades europeas es la realización de cursos en la universidad y el aprovechamiento de estos para poder acceder a la certificación. Esta es la opción elegida por la Universidad de Alicante en estos momentos.

2. FORMACIÓN EMI EN LA UNIVERSIDAD DE ALICANTE

Al tratarse de docencia en inglés hay algunas preguntas clave que se deberían hacer en cualquier IES europeo: ¿qué conocimientos, tanto lingüísticos como didácticos, debe tener un profesor que imparte docencia EMI? ¿cómo se debe llevar a cabo este tipo de formación? ¿es necesario certificar formación EMI? Estas preguntas nos parecieron particularmente relevantes para el profesorado del Grado en Maestro en Educación Primaria que iba a impartir clase en un grupo ARA por primera vez durante el curso 2018-19 en la Facultad de Educación de la UA.

Ese mismo año, la UA, a través del Instituto de Ciencias de la Educación (ICE), puso en marcha un programa de tres módulos para formar y certificar internamente al profesorado que quisiera impartir asignaturas que se impartían a través de EMI en sus Facultades. Se ideó con la participación de los departamentos de Estudios Ingleses e Innovación y Formación Docente. Se propuso un programa de tres fases que contiene primero, formación en idiomas, metodología y, por último, la observación y la creación de comunidades de práctica. La investigación sobre este tipo de programas en las universidades nacionales y otras universidades europeas muestra cómo la formación en EMI generalmente se ha centrado específicamente en las habilidades lingüísticas (Dafouz, 2021). Se espera que los instructores de EMI puedan proporcionar información clara sobre los objetivos del curso, los resultados del aprendizaje y la evaluación, y que puedan brindar a los estudiantes la retroalimentación adecuada. Se presta menos atención al hecho de capacitar a los profesores para que utilicen diferentes técnicas y estrategias de enseñanza, como fomentar la participación haciendo diferentes tipos de preguntas o trabajar en las interacciones en el aula entre profesores y estudiantes para desarrollar prácticas de enseñanza más efectivas para EMI (O'Dowd, 2018). Es aún menos común que los cursos de EMI se centren en la observación y la reflexión entre pares para dotar a los profesores de habilidades que puedan utilizar a largo plazo para continuar desarrollando su práctica profesional. Una reflexión sobre cómo mejorar su enseñanza en inglés puede ayudar a los profesores a identificar qué áreas necesitan mejorar y las prácticas efectivas para lograrlo (Coe et al, 2014). Además, la observación entre pares ayuda a crear una comunidad de estudiantes y también proporciona un modelo para los profesores.

El enfoque inicial para profesores de la UA que imparten clases en grupos ARA se denominaba Plan 'ProF-tEAchIng' y estaba dividido en tres fases hasta el año 2020/2021.

Tabla 1. Las tres fases iniciales del plan 'ProF-tEAchIng' en la UA

Orden (sugerido)	Nombre del curso	Horas presenciales de clase
Fase 1	Digital and Linguistic Tools for EMI (English as a Medium of Instruction) Teachers	45 horas

Fase 2	English Medium-Instruction (EMI): Reflections, Awareness and Practice (RAP)	30 horas
Fase 3	Observation and Practice	20 horas

Este enfoque de tres fases corresponde a las sugerencias de las investigaciones en el área de EMI, pero se añaden, en la Fase 3, los primeros pasos para crear comunidades de aprendizaje (CdA). En esta fase colaboraron profesores de la Facultad de Educación en la creación, desarrollo y evaluación del curso.

Las CdA, en este caso, se basan sobre la participación educativa de la comunidad de docentes y está constituida por docentes que quieren innovar y mejorar la práctica educativa compartiendo ideas y experiencias. Vazquez-Bronfman (2011) identifica tres características clave para formar cualquier comunidad de práctica (CdA) que adapté para el contexto docente: a) que el CdA decide el grado de compromiso mutuo, es decir, cómo se va a funcionar, a qué se comprometen los miembros de la CdA, y cuáles serán sus normas; b) de qué se habla, qué se hace, cuál es la práctica común se pueden volver a negociar por los miembros de la CdA cuantas veces sea necesario; c) que lo que producen juntos (procedimientos, materiales, documentos, etc.) se construye progresivamente en la discusión de la práctica común. Además, se necesita que los miembros de la comunidad elijan algún miembro del grupo para que este asuma el papel de guía y que fomente la colaboración entre los participantes, aunque sea en formas de participación distintas y que el grupo tenga un tamaño manejable.

Las comunidades de práctica no surgen espontáneamente, sino que hay que dar pasos concretos para involucrar al profesorado. En este caso, se planificó una serie de actividades que involucran al profesorado a compartir, observar y comentar sobre sus propias acciones en el aula y sobre las intervenciones de los compañeros del grupo. Por tanto, se desarrollaron varios pasos para conseguir la colaboración entre docentes universitarios. El primer paso fue trabajar en grupos reducidos, de entre 10-12 profesores dado que una comunidad de práctica debe ser de un tamaño manejable. El segundo paso fue pedir a cada participante elaborar y después compartir la guía docente de la asignatura que imparte en inglés. Se procedió a analizar y comentar en grupo sobre las guías para recoger las buenas prácticas y ofrecer nuevas ideas sobre estilo de redacción y la nomenclatura usada, ejemplos de actividades, tipos de evaluación, etc. para el grupo. Una vez que los profesores se conocían y empezaban a compartir sus actuaciones en el aula, se pasó a la fase de observación. Dado que la literatura demuestra que ser observado puede ser estresante o agobiante (Borich, 2008), se confeccionó un listado de voluntarios de profesorado EMI experimentado que se ofrecieron a ser observados. Esta fase se realiza siguiendo una rúbrica con preguntas guiadas que ayudan al profesorado a observar todas las actuaciones del aula: desde cómo empieza la sesión, los tipos de materiales audiovisuales o el tipo de actuaciones de intervención. Se pidió que cada profesor realizara dos sesiones de observación. Se realizó una sesión de seguimiento para comentar los puntos fuertes y débiles de las sesiones. El tercer paso fue la planificación de una clase y la observación de la sesión por parte de todos los profesores del curso. Se ha insistido mucho en la observación porque la observación en el aula es clave en la formación continua del profesorado (Lasagabaster & Sierra, 2011).

3. EVOLUCIÓN A MICRO-CURSOS Y LA SEMI-PRESENCIALIDAD

Se puede argüir que la experiencia del profesorado cambia las necesidades formativas. Cuando se empiezan a crear experiencias para formar comunidades de práctica, se ha reducido la necesidad de cursos presenciales largos. Por tanto, la formación se ha convertido en cursos cortos más específicos para ir abordando temas clave identificados por el profesorado y los formadores que se ha agrupado de nuevo en tres fases. Aunque continúa la percepción de que existe entre el profesorado sobre la necesidad de trabajar la competencia lingüística para gestionar el aula, se ha perfilado mejor para trabajar más en la forma y función, la terminología y el inglés para fines específicos o la pronunciación. Asimismo, se ha incluido formación sobre gestión intercultural en el aula en forma de estrategias y recursos. Además, se buscan maneras de dinamizar la docencia y de seguir fomentando esa colaboración entre la comunidad académica EMI.

Tabla 2. Cursos semipresenciales ProF-tEAchIng en la UA

Orden (sugerido)	Nombre del curso	Horas presenciales de clase
Fase 1	Digital and Linguistic Tools for ARA & EMI teachers / Herramientas digitales y lingüísticas para profesores ARA y EMI	5 horas
Fase 1	Classroom English and Intercultural Competence / Inglés para el aula y competencia intercultural	12 horas
Fase 1	English for Academic and Specific Purposes (EMI) / Inglés para Fines Académicos y Específicos (EMI)	10 horas
Fase 1	Pronunciation and Prosody for ARA and EMI teachers	10 horas
Fase 2	EMI-RAP Multimodality / EMI-RAP multimodalidad	12 horas
Fase 2	EMI-RAP Interaction and Engagement EMI-RAP Interacción e implicación	12 horas
Fase 3	Observation and Practice Observación y práctica	10 horas
Fase 3	Dynamic classrooms for teaching EMI Aulas dinámicas para la enseñanza EMI	6 horas

Como se puede ver, se ha producido un cambio en las necesidades percibidas por el propio profesorado. Hay menos necesidad de presencialidad en el aula que fomenta más colaboración entre los compañeros fuera del aula creando nuevas sinergias y pautas para los participantes. Los cursos son más cortos, más específicos y algunos se repiten durante todo el curso. Quienes superen todos los cursos del itinerario obtendrán un certificado de haber completado el itinerario de Formación del ProF-tEAchIng. La importancia de impulsar algún tipo de certificación es un paso clave en la formación del profesorado para investigadores como Macaro et al. (2019) e impulsa la participación del profesorado en estos programas.

CONCLUSIONES

La formación del profesorado EMI sigue evolucionando dado las necesidades de fomentar estos tipos de programas en todo Europa (Macaro, 2018), y en la UA se puede ver un ejemplo de un programa que va ajustándose a las necesidades del profesorado. No obstante, esta formación para el profesorado sigue respondiendo a las mismas preguntas clave que iniciaron esta propuesta: ¿qué conocimientos, tanto lingüísticos como didácticos, debe tener un profesor que imparte docencia EMI? ¿cómo se debe llevar a cabo este tipo de formación? ¿es necesario certificar formación EMI? Es evidente que la formación no puede ser algo estático e inmutable (Lasagabaster & Doiz, 2021; TAEC, 2019). Es esencial atender las necesidades identificadas tanto por el profesorado en formación como por los profesores formadores, y esto conlleva adaptar los contenidos y formatos de los cursos además de certificar estos conocimientos para poder dar respuesta al desarrollo profesional del profesorado EMI.

REFERENCIAS

Aguilar, M. (2017). Engineering lecturers' views on CLIL and EMI. *The International Journal of Bilingual Education and Bilingualism*, 20(6), 722–735. https://doi.org/10.1080/13670050.2015.1073664

Borich, G.D. (2008). *Observation skills for effective teaching*. Upper Saddle River, NJ: Pearson Merrill Prentice Hall.

Coe, R., Aloisi, C., Higgins, S., & Major, E. (2014). What makes great teaching? Review of the underpinning research. Durham University. Recuperado de: https://www.suttontrust.com/wp-content/uploads/2014/10/What-Makes-Great-Teaching-REPORT.pdf

Coleman, J. A. (2006). English-medium teaching in European higher education. *Language Teaching, 39(1)*, 1-14. https://doi.org/10.1017/S026144480600320X

Costa, F. & Coleman, J. A. (2013). A survey of English-medium instruction in Italian higher education. *International Journal of Bilingual Education and Bilingualism*, 16(1), 3-19. https://doi.org/10.1075/jicb.5.2.04bro

Cots, J.M. (2012). Introducing English-Medium instruction at the University of Lleida, Spain: Intervention, beliefs and practices. En A. Doiz, D. Lasagabaster & J.M. Sierra (Eds): English-Medium Instruction at Universities (pp. 28-34). Bristol: Multilingual Matters.

Curle, S, Yüksel, D, Soruc, A & Altay, M. (2020). Predictors of English Medium Instruction academic success: English proficiency versus First language medium. *System 95*, 1-11. https://doi.org/10.1016/j.system.2020.102378

Dafouz, E. (2014). Integrating content and language in European higher education: An overview of recurrent research concerns and pending issues. En E. Psaltou-Joycey, E., Agathopoulou & M. Mattheoudakis (eds) *Cross-Curricular Approaches to Language Education*, (pp. 289-304). Cambridge Scholars.

Dafouz, E. & Smit, U. (2016). Towards a Dynamic Conceptual Framework for English-Medium Education in Multilingual University Settings. Applied Linguistics 37(3), 397–415. https://doi.org/10.1093/applin/amu034

Dafouz, E. (2021). Repositioning English-Medium Instruction in a Broader International Agenda: Insights from a Survey on Teacher Professional Development. *Alicante Journal of English Studies 34*, 15-38. https://doi.org/10.14198/raei.2021.34.08

Dimova, S., & Kling, J. (2018). Assessing English-medium instruction lecturer proficiency across disciplines. *TESOL Quarterly*, 52(3), 634–656. https://doi.org/10.1002/tesq.454

Dimova, S. (2020). Language Assessment of EMI Content Teachers: What Norms. En: Kuteeva, M., Kaufhold, K., Hynninen, N. (eds) *Language Perceptions and Practices in Multilingual Universities*. Palgrave Macmillan, Cham. https://doi.org/10.1007/978-3-030-38755-6_14

Doiz, A. & Lasagabaster, D. (2018). Teachers' and students' L2 motivational self-system in English-medium instruction: A qualitative approach. TESOL Quarterly, 52(3), 657–679. https://doi.org/10.1002/tesq.452

EF Education (June, 2024). https://www.ef.com.es/

Hernández-Nanclares, N. & Jiménez-Muñoz, A. (2017). English as a medium of instruction: evidence for language and content targets in bilingual education in economics. *International Journal of Bilingual Education and Bilingualism, 20(7),* 883-896.

Lasagabaster, D. (2015) Multilingual language policy: Is it becoming a misnomer at university level? En S. Dimova, A. K. Hultgren & C. Jensen (Eds.), English-medium instruction in European higher education (pp. 115–134). Berlin: De Gruyter. https://doi.org/10.1515/9781614515272-007

Lasagabaster, D. & Sierra, J.M. (2011). Classroom observation: Desirable conditions established by teachers. *European Journal of Teacher Education, 34,* 449-463.

Lasagabaster, D. & Doiz, A. (Eds.) (2021). Language use in English-medium instruction at university: International perspectives on teacher practice. Routledge. https://doi.org/10.4324/9781003134534

Lauridsen, K. M. (2017). Professional development of international classroom lecturers. En: J. Valcke & R. Wilkinson (eds.), *Integrating content and language in higher education: Perspectives on professional practice,* (pp.25–38). Frankfurt am Main: Peter Lang.

Macaro. E. (2014). EMI: Researching a Global Phenomenon. Keynote Speech, British Council European Policy Dialogue. Spain: Segovia.

Macaro, E. (2018). English medium instruction: Content and language in policy and practice. *Oxford University Press.* https://doi.org/10.30687/978-88-6969-227-7/001

Macaro, E., Jiménez-Muñoz, J.A., & Lasagabaster, D. (2019). The importance of certification of English medium instruction teachers in higher education in Spain. *Porta Linguarum, 32,* 103–118.

MECD (2015). *Estrategia para la Internacionalización de las Universidades Españolas 2015-2020.* Madrid, MECD. Recuperado de http://sepie.es/doc/universidad/Estrategia_Internacionalizacion.pdf

Méndez-García, M.D. & Agulló, G. L. (2020). Researching English as a Medium of Instruction in University Lecturers' Teaching Methodology: A Proposal for In-Service Training. En M. Sánchez-Pérez (Ed.), *Teacher Training for English-Medium Instruction in Higher Education* (pp. 205-231). IGI Global. https://doi.org/10.4018/978-1-7998-2318-6.ch010

O'Dowd, R. (2018). The training and accreditation of teachers for English medium instruction: An overview of practice in European universities. *International*

Journal of Bilingual Education and Bilingualism 21(5), 553–563. https://doi.org/10.1080/13670050.2018.1491945

Pecorari, D., & Malmström, H. (2018). At the crossroads of TESOL and English medium instruction. *Tesol Quarterly 52 (3)*, 497-515. https://doi.org/10.1002/tesq.470

Ploettner, J.C. (2019). A critical look at teacher development for English-Medium Instruction. Language *Learning in Higher Education 9(2)*, 263-287. https://doi.org/10.1515/cercles-2019-0016

TAEC EMI Handbook (2019). *TAEC Erasmus+ project (2017-2020)*. Recuperado de: https://cip.ku.dk/english/projects-and-collaborations/taec/

Wächter, B., & Maiworm, F. (2007). English-Taught Programmes in European Higher Education. Bonn: Lemmens.

Wächter, B., & Maiworm, F. (2014). *English-Taught Programmes in European Higher Education*. Bonn: Lemmens.

Wilkinson, R. & Gabriëls, R. (2021). *The Englishization of Higher Education in Europe*. Amsterdam University Press

Vásquez Bronfman, S. (2011). Comunidades de práctica. *EDUCAR, 47(1)*, 51-68.

van Splunder, F., Verguts, C., De Moor, T., & De Paepe, S. (2022). The Interuniversity Test of Academic English (ITACE). Assessing lecturers' English proficiency in Flanders. *Journal of English-Medium Instruction*, 1(2), 255 – 274. https://doi.org/10.1075/jemi.21007.van

Interculturalidad en la formación del profesorado de grupos impartidos en inglés

J. López Medina

1. INTRODUCCIÓN

La creciente internacionalización de las universidades españolas ha ido de la mano, como en buena parte del mundo, del crecimiento del inglés como medio de instrucción (EMI, por sus siglas en inglés)[1]. El aumento de títulos completos o asignaturas ofertadas en inglés (en el caso que trataremos aquí, la Universidad de Alicante, en buena parte dentro del currículo de los grupos ARA) ha permitido una mayor movilidad de estudiantes y ha contribuido al posicionamiento internacional de las universidades. Ha supuesto una mejora en sus acuerdos y proyectos de investigación, la calidad y el alcance de su transferencia, y la formación y movilidad de su personal docente e investigador. Por supuesto, la tendencia creciente del EMI en las universidades del mundo no está exenta de cuestionamientos, principalmente entre quienes ven una nueva forma de imperialismo/colonialismo lingüístico y cultural, una herramienta más en un proceso de homogeneización neoliberal (Da Silva y Pereira, 2023;

---

1. Usaremos aquí las siglas EMI, por ser las más frecuentes y las que se usaron en el programa de formación al que nos referimos. Para una definición de las alternativas (inglés como medio de educación, EME, o inglés como medio de educación en entornos universitarios multilingües, EMEMUS) puede consultarse Dafouz, López-Serrano y Pérez-Paredes (2023) y Kremer y Pinto (2025). Para una definición de EMI, en este mismo volumen, Tabuenca-Cuevas y Fernández-Molina (2025).

Philipson, 2018; Skutnabb-Kangas, Phillipson y Kontra, 2001). Ahora bien, incluso si asumimos que hay que incluir una mirada crítica a las aristas de este proceso, parece indudable que el EMI no hará sino aumentar globalmente, y que sus ventajas sobrepasan lo estrictamente práctico: más allá del interés en favorecer la movilidad de estudiantes e investigadores, y de los procesos de convergencia en los planes de estudios y las políticas universitarias, se está mejorando la formación del alumnado y se está facilitando la construcción de conocimiento. Hay una internacionalización y un EMI críticos, no sólo centrados en la competencia y los objetivos económicos, sino en los propios principios y el sentido último de la educación superior (De Wit y Hunter, 2015; De Wit, 2020).

Aquí se plantea cómo en la Universidad de Alicante, con la conciencia de esas cautelas y la certeza de que han de incorporarse en un proceso imparable (Macaro, 2018), se afrontó la necesidad de incluir un componente de conciencia intercultural y de reflexión crítica sobre la internacionalización en la formación del profesorado que imparte clases en inglés, entendiendo que ambas no solo son importantes para que el EMI sea un éxito, sino para que sea posible (Leask, 2015).

2. EMI EN LA UA. INTERCULTURALIDAD EN EL DISEÑO DE LA FORMACIÓN.

El contexto en el que se puso en marcha el programa de formación desarrollado en la UA es clave: se inicia en 2018, en una universidad que había llegado en ese momento a ofertar 180 asignaturas en inglés (Morell, Aleson-Carbonell y Escabias-Lloret, 2022). A día de hoy, solo seis años después, en el curso 2024/2025, el número asciende ya a 280. Sin dejar de lado las precauciones y la reflexión crítica necesarias en el desarrollo de la política lingüística universitaria, la docencia en inglés, como la que tiene lugar en los grupos ARA de la Universidad de Alicante, cumple objetivos prioritarios: por supuesto, mejorar las competencias lingüísticas del alumnado (y del profesorado que se prepara para poder impartirlas) e impulsar la certificación lingüística (Tabuenca-Cuevas, 2016), pero también mejorar la conciencia y habilidades interculturales, desarrollar competencias generales y las llamadas "habilidades blandas" (Curle et al, 2024), fomentar el pensamiento crítico y formar ciudadanos en el sentido más amplio posible del término (Doiz, Lasagabaster y Sierra, 2012; Sánchez-García y Dafouz, 2020). Con esa perspectiva se desarrolló un programa con un componente lingüístico e intercultural, del que hablaremos aquí, un componente metodológico y, por último, una fase de observación de clases y práctica reflexiva (para una explicación detallada del resto del programa: Morell, Alesón-Carbonel y Escabias-Lloret, 2022; para un análisis de su evolución a micro-talleres específicos: Tabuenca-Cuevas y Fernández-Molina, 2024, en este mismo volumen).

Desde el primer diseño consideramos esencial que dicho programa incluyera la conciencia intercultural, la reflexión sobre las diferentes culturas de aprendizaje y sobre el proceso de internacionalización en el que el EMI se inserta. Fue así desde los primeros planteamientos, en 2017, en los que desde el Centro Superior de Idiomas de la UA (CSIUA) se realizaron contactos con los diferentes agentes que, finalmente, en 2018, cooperarían para la puesta en marcha del programa, coordinado por el Instituto de Ciencias de la Educación: el Departamento de Innovación y Formación didáctica, el Servei de Llengües, el Departamento de Filología inglesa y el propio CSIUA. No se trataba de la primera experiencia de formación para el profesorado en EMI en la Universidad de Alicante, ya que, aparte de la formación lingüística ofrecida desde el CSIUA, había una trayectoria consolidada de cursos centrados en la metodología, la multimodalidad y el inglés académico para los cursos EMI, todos ellos liderados por la profesora Teresa Morell (Morell, Aleson-Carbonell y Escabias-Lloret, 2022). El programa Prof-Teaching tenía como objetivos, por una parte, ampliar esa formación ofertada previamente, y por otra, hacerla aún más abarcadora y unirla con mayor claridad en el proceso de internacionalización (incluyendo, por tanto, la conciencia, habilidades y estrategias interculturales), aparte de reforzar aspectos que ya se incluían en los cursos previos, como la observación y la práctica reflexiva.

Así pues, la dimensión intercultural del EMI estuvo en el mismo origen de que se iniciara la movilización de departamentos y servicios que desembocaría en el programa: la interacción diaria de CSIUA con el alumnado y profesorado locales en los cursos de lengua y, a su vez, con el alumnado internacional, como responsables de los programas de estudiantes visitantes/study abroad confirmaba lo reiterado en la bibliografía: no puede haber programas EMI sin tener en cuenta los aspectos interculturales y las múltiples dimensiones del proceso de internacionalización (Kremer y Pinto, 2025; Lasagabaster, 2024; Leask, 2015).

Tras un primer planteamiento en los tres bloques señalados (formación lingüística e intercultural, metodología y observación-práctica reflexiva), se detectó la necesidad de que esos bloques se dividieran en talleres más breves para cada uno de los contenidos principales, con un componente en línea (Tabuenca-Cuevas y Fernández-Molina, 2025), y la dimensión intercultural quedó encuadrada en el tercero de esos talleres. En las siguientes páginas presentaremos brevemente cómo los aspectos interculturales de EMI se recogen en el programa formativo de la UA.

3. FORMACIÓN DE PROFESORADO UNIVERSITARIO E INTERCULTURALIDAD.

El crecimiento exponencial de la oferta de asignaturas en inglés a nivel global no ha venido acompañado, en cambio, de una formación del profesorado consistente y generalizada (Lasagabaster, 2022; O'Dowd, 2018; Sahan et al, 2021). Cuando esa necesidad de preparación de los/las docentes se ha ido reconociendo e incorporando en las universidades (Macaro y Han, 2020), el foco ha estado principalmente en los aspectos lingüísticos y, en menor medida, en la metodología de enseñanza / la pedagogía y sus aspectos claves, como la interacción, la multimodalidad y el trabajo cooperativo (Lasagabaster y Doiz, 2021; Morell, 2020).

La interculturalidad, la internacionalización del currículo y la ciudadanía crítica global han sido, con escasas excepciones (ver Corrales, Paba-Rey y

Santiago-Escamilla, 2016; Maíz-Arévalo y Orduna-Nocito, 2021; Sánchez García y Dafouz, 2020), relegadas a un lugar secundario, cuando no obviadas, en el diseño e implementación de los programas para la formación del profesorado de EMI, pese al clamor de la investigación sobre su importancia (Leask, 2015; Huang y Fang, 2023; Van den Hende, Whitsed y Coelen,2023).

Puesto que los estudios demuestran desde hace tiempo (Dafouz, Camacho y Urquia, 2014; Lasagabaster, 2022; Molino et al, 2022) que el alumnado en grupos en inglés alcanza los resultados de aprendizaje, al menos, en la misma medida que el resto de estudiantes, cabe pensar que, superada la preocupación por el impacto que los aspectos lingüísticos pudieran tener en la adquisición de contenidos, el foco de la formación siga cambiando hacia la metodología y, especialmente, hacia la conciencia intercultural, en una búsqueda por alinear mucho más la realidad con los planteamientos generales estratégicos y las necesidades manifestadas por las comunidades universitarias (Orduna-Nocito y Sánchez-García, 2022; Van den Hende, Whitsed y Coelen,2023).

Al hablar de la dimensión intercultural de la formación, en la mayoría de los casos se plantea en los programas como objetivo principal el desarrollo de la llamada competencia intercultural (Maíz-Arévalo y Orduna-Nocito, 2021; Kremer y Pinto, 2025). Conscientes de esa tendencia, en el programa de Prof-teaching se optó por mantener ese término en el título del módulo en el que se integra (Classroom English and Intercultural Competence), por ser el más conocido por la comunidad universitaria y el que podría visibilizar mejor la necesidad formativa existente. Sin embargo, en los contenidos del módulo, como desarrollaremos en los apartados siguientes, se prefirió descartar los modelos explicativos de la competencia intercultural y sus dimensiones, solo presentados de manera general y crítica, para centrarse en tres aspectos manejables dentro de las limitaciones temporales del taller: la importancia de la conciencia intercultural del alumnado y el profesorado, las culturas de aprendizaje y la clase universitaria en inglés como tercer espacio. Este enfoque de la interculturalidad crítica o post interculturalidad (Dervin, 2020, 2023, 2024; Hoff, 2020) permite, además de una mirada reflexiva sobre el propio paradigma de la competencia intercultural, introducir al profesorado de grupos ARA y de EMI en general a las problemáticas de la inclusión y la diversidad en el aula EMI, de la necesaria internacionalización del currículo y de las dinámicas globales en marcha que afectan a su docencia. No se trata, como venimos argumentando con la misma inclusión del módulo, sino de atender a los propios principios de la educación superior, y aterrizar en nuestro contexto una tendencia marcada: con el aumento de la preocupación por la calidad del EMI y por la formación del profesorado (Sánchez-García y Dafouz, 2020) se anticipa también más lugar para la interculturalidad, la reflexión sobre el propio EMI y sus implicaciones estratégicas, en lo que algunos autores han dado en llamar EMI crítico (Akıncıoğlu, 2024; De Wit, 2020).

4. EL COMPONENTE INTERCULTURAL EN PROF-TEACHING

La bibliografía sobre competencia intercultural se caracteriza por una falta de consenso en la terminología, los componentes e incluso el concepto mismo (Romijn, Slot y Leseman, 2021, p.3; Sptizberg y Changnon, 2009, pp. 6-7). Se han utilizado términos como sensibilidad intercultural, competencia multicultural, competencia global, y se han construido modelos explicativos de esa supuesta competencia variados en cuanto a dimensiones y, sobre todo, en cuanto a sus descriptores (Arasaratnam, 2015). La mayoría agrupa sus elementos en tres categorías similares (conocimientos, destrezas y actitudes), aunque con nomenclaturas diferentes. La multiplicación injustificable de variables, la redundancia y la falta de consistencia quedaba ya patente en el conocido texto de Spitzberg y Changnon (2009) en el que listaban más de 300 conceptos "diferentes" y discretos relacionados con la competencia intercultural.

Así, pues, desechamos en Prof teaching centrar la formación intercultural de los profesores de EMI en la competencia intercultural y sus modelos, como sucede en algunos de los casos (Kremer y Pinto, 2025). En primer lugar, por la práctica imposibilidad de considerar las microhabilidades (hasta 90, de esos 300 conceptos en Spitzberg y Changnon, 2009) como resultados de aprendizaje deseables en la formación, ni como constructos medibles para una posible evaluación. En segundo lugar, porque a esa escasa utilidad práctica se suma la evidente la endeblez teórica y el alto grado de solapamiento (Dervin, 2010, 2023).

Incluso instituciones promotoras del concepto de competencia intercultural en la educación, como el Consejo de Europa, han reconocido sus debilidades (Council of Europe, 2018). Barrett, en su proyecto que daría lugar al Marco de Referencia de Competencias para una Cultura Democrática (Council of Europe, 2018), analiza hasta 101 (Barrett, 2017) modelos de competencia intercultural para proponer finalmente uno (Barrett, 2017; Council of Europe, 2018), que se suma a los problemas señalados una y otra vez y reconocidos por el mismo autor: falta de rasgos comunes, vaguedad y solapamiento de los conceptos, falta de claridad en las definiciones (Arasaratnam, 2007; Dervin, 2023).

Ahora bien, ni las dificultades prácticas ni la debilidad teórica son los principales problemas por los que desechamos los modelos de competencia intercultural en la formación de profesorado de la UA. Lo principal fueron las objeciones, en algunos casos claves para un EMI crítico, a la naturaleza misma del concepto de competencia intercultural:

- Es discutible la posibilidad y el sentido de una definición y un modelo conceptual universalmente válido de competencia intercultural, especialmente cuando casi todos los existentes son anglosajones, centrados en capacidades individuales, y orientados a la resolución de conflictos (Arasaratnam y Doerfel, 2005; Dervin, 2010; Hoff. 2020; Risager, 2020; Sinicrope, Norris y Watanabe, 2008).

- Se obvia o minimiza el componente contextual, situado y político esencial de los encuentros interculturales (incluida la clase vehiculada en inglés), como si esa supuesta "competencia universal" se produjera en el vacío, entre seres siempre en posición de igualdad, totalmente racionales y no afectados por el contexto o las dinámicas de poder, ni las particulares ni las sistémicas (Dervin, 2020; Guilherme 2007, 2021; Risager, 2007, 2020), como si en todos los casos la armonía y la eficiencia fueran el resultado a buscar. Y ese olvido no solo se produce cuando hablamos de comunicación entre supuestas "culturas" diferentes (nacionales o de otro tipo), sino incluso en la comunicación dentro de cada una de ellas. Es decir, a la perspectiva etnocéntrica de universalizar lo modelizado a partir de criterios anglosajones, señalada en el punto anterior, se suma la asunción de que, dentro de una cultura, no habrá diferencias, en una situación intercultural, en cuál será el resultado de la interacción ni en cómo se manifiestan los comportamientos, valores, rasgos de personalidad y actitudes entre hombres y mujeres, clases sociales, grupos racializados o minorizados y miembros de la mayoría dominante, etc. (Pennycook y Makoni, 2020; Dervin, 2020; Canagarajah, 2013).

- Los modelos de competencia intercultural, y el concepto mismo suman, a las dos objeciones anteriores, una concepción desfasada de la identidad y las relaciones: su posición eurocéntrica, de todo "menos inter-cultural" (Kumaravadivelu, 2008, p.215), parte de una visión simplista de la interacción. Una simplificación encarnada en el propio concepto de competencia intercultural:

> ... paid scant respect to the fact that human interaction, particularly intercultural interaction, embedded as it is in multiple layers across space and time, is a complex, ongoing process that cannot be reduced to expedient labels and convenient dichotomies. It cannot be captured in snapshots. (Kumaravadivelu, 2008, p.214)

Así pues, decidimos alejarnos de las formaciones que parten de una serie de habilidades y conocimientos presuntamente establecidos y objetivables para una supuesta comunicación intercultural "exitosa", apropiada y efectiva, y centrar el módulo de formación intercultural, limitado como está a dos talleres presenciales y un componente online asíncrono, en tres elementos básicos mínimos: la importancia de la conciencia intercultural del alumnado y el profesorado, las culturas de aprendizaje y la clase universitaria en inglés como tercer espacio.

4.1. Importancia de la conciencia intercultural del alumnado y el profesorado EMI

El primer objetivo del módulo es la reflexión sobre la importancia del componente intercultural en la clase EMI y la propia necesidad de la formación. Como sucede en la enseñanza de lenguas adicionales, en ocasiones, instituciones y profesorado asumen que la internacionalización, el EMI y el alumnado diverso promueven, de suyo, sin ninguna formación ni actividad explícita, la conciencia y las habilidades interculturales, sin tener muy claro cuáles ni cómo (Corrales, Paba-Rey y Santiago-Escamilla, 2016; Galloway y Ruegg, 2020; Griffiths, 2023; Risager, 2007, 2020). Sabemos, por estudios empíricos en contextos de movilidad estudiantil, que en un porcentaje alto de estudiantes no es así: buena parte del alumnado (y el profesorado) no desarrolla la supuesta competencia intercultural, ni destrezas o estrategias interculturales, y en ocasiones se producen incluso retrocesos, es decir, estudiantes con sus estereotipos reforzados, más prejuicios y menos voluntad de tener relaciones interculturales que antes de la estancia en el país de destino (Coleman, 1996, 2013; Lantz-Deaton, 2017). Así pues, en los cursos de desarrollo profesional para profesorado de la UA procuramos que el primer resultado de aprendizaje sea la reflexión sobre la necesidad de formarnos al respecto y que toda nuestra actividad parta de esa reflexión: la incorporación explícita y planificada de la ciudadanía crítica global y la dimensión intercultural es crucial; en el aula, en la programación de los cursos y en la formación de profesores (Kramsch y Uryu, 2012; Sánchez García y Dafouz, 2020).

Descartados los modelos de competencia intercultural y establecida la importancia de la reflexión explícita centrada en los aspectos interculturales del EMI, trabajamos preferentemente la conciencia intercultural crítica. Partiendo en un sentido muy amplio de la definición de Michael Byram como la "habilidad de evaluar críticamente, y sobre la base de criterios explícitos, las perspectivas, prácticas y productos del propio país y cultura y de otros países y culturas" (1997, p. 53), desmenuzamos en el módulo las implicaciones de esa conciencia, en un listado que recogeremos aquí. Ahora bien, a esa noción aún muy dependiente del concepto de cultura nacional (el propio Byram la ha ido "desesencializando" y actualizando), le hemos incorporado una visión más cercana a la interculturalidad crítica: hablamos de la formación de docentes/estudiantes interculturales y ciudadanos globales críticos, con identidades culturales diversas y complejas (Borghetti, 2019; Byram, 2008, 2020; Dervin, 2020, 2023; Guilherme, 2019).

No se tratará de que el profesorado EMI aprenda sobre las diferencias en una supuesta cultura concreta de sus estudiantes internacionales, sino que comprenda que él/ella también está, como su alumnado, en un proceso de transformación imprescindible como parte de la internacionalización del currículo y la interculturalidad, lo que significa "moving well beyond a static approach to learning isolated facts about an individual culture and involves the learner in a process of transformation of the self, his/her ability to communicate and to understand communication and his/her skills for *on-going learning*" (Liddicoat et al, 2003, p. 16).

Hablamos de ayudarles a acercarse analíticamente a todo lo que sucede en el curso de EMI, interacciones, documentos, discursos, etc. tratando de ponerlos en contexto, comprender sus orígenes, intenciones, las ideologías implicadas. Ser capaces de aceptar la diferencia, cuando no es posible ninguna negociación o adaptación, y explicitar los criterios o acuerdos en espacios conflictivos ((Wagner, Conlon Perugini y Byram, 2018, p. 20). Ser consciente de las propias perspectivas ideológicas, culturales y de los propios valores -también los que teníamos sin saberlo-; ser consciente del conflicto potencial entre las expectativas de otros y las propias; ser capaz de establecer criterios comunes explícitos donde antes eran implícitos: todo eso implica la conciencia intercultural, y su desarrollo será clave para el éxito de la docencia en inglés en el contexto español; tanto, al menos, como el nivel de lengua y la metodología de enseñanza, y por tanto será clave reconocer su centralidad en el proceso educativo internacionalizado (De Wit, 2020).

Con todos esos resultados de aprendizaje en mente para nuestro módulo y la abundante bibliografía sobre conciencia intercultural y competencia intercultural críticas (Byram, 2008, 2020; Crichton y Scarino, 2007; Dervin, 2020,2023; Guilherme y Sawyer, 2021; Guilherme, 2019; Zhu, 2014) se elaboró el siguiente desglose de qué pueda ser esa conciencia intercultural crítica imprescindible para una clase EMI, en una sola tabla con los elementos fundamentales, por supuesto siempre en revisión, provisionales y resultado de un punto de vista y un contexto situados y necesariamente parciales.

La Conciencia intercultural crítica supone:

- Conciencia de que nuestro comportamiento/ideas/percepiones están parcialmente condicionados/influidos por las culturas (pero: noción de cultura compleja –múltiples comunidades/ identidades /adscripciones para cada individuo-, y además cultura en marcha, provisional, dialógica).

- Conciencia de que el comportamiento/ideas/percepiones de otros están parcialmente condicionados/influidos por la cultura (pero: noción de cultura compleja –múltiples comunidades/ identidades /adscripciones para cada individuo-, y además cultura en marcha, provisional, dialógica).

- Aceptación de la ambigüedad y suspensión provisional del juicio.

- Conciencia de la diversidad en cada grupo/ comunidad y de los mecanismos cognitivos de generalización, prejuicios, estereotipos, etc.

- Conciencia de las dinámicas de poder dentro de cada grupo / comunidad y entre grupos / comunidades. En el ámbito de la clase EMI: conciencia de las potenciales dinámicas / ideologías lingüísticas en marcha, así como de las asunciones del alumnado /profesorado sobre privilegios, ventajas y dificultades del EMI para cada uno de los implicados según su origen.

- Conciencia de la reciprocidad de los procesos y la agencia de todos los participantes.

- Conciencia de la importancia de lo contextual en los encuentros y de las peculiaridades de la clase universitaria internacionalizada/ en EMI como contexto (ver 4.3., la clase como tercer espacio).

- Conciencia de la importancia de la reflexión crítica sobre los propios comportamientos, valores, creencias y expectativas. Descentramiento como habilidad esencial.

Esta caracterización de la conciencia intercultural crítica no sólo se trabajó durante las sesiones del módulo, sino que se aplicó al análisis de materiales y documentos relacionados con el EMI (Guías docentes, material didáctico, anuncios y comunicaciones de los docentes, exámenes, etc.) y, en el componente asíncrono, a estudios de casos vinculados al punto siguiente, el de las culturas de aprendizaje.

4.2. Culturas de aprendizaje.

Surgieron durante la última década del siglo XX y la primera del XXI numerosos estudios que, ante la creciente diversidad de ciudades y escuelas, por un lado, y el aumento de la movilidad universitaria por otro, caracterizaban las diferencias culturales en lo referido a los procesos de enseñanza y aprendizaje.

Parte de esos textos hablaban de culturas "confucianas" frente a culturas "socráticas", o de culturas individualistas /colectivistas, con un elenco de rasgos marcados de unas y otras: jerarquía frente a horizontalidad, memoria frente a interacción y construcción, autoridad frente a habilidades de comunicación, etc. (Cortazzi y Jin, 1996; Hammond y Gao, 2002; Kennedy, 2002; Trumbull, Rothstein-Fisch, Greenfield y Quiroz, 2001; Trumbull y Rothstein-Fisch, 2011). El enfoque esencialista, claramente etnocéntrico y, sobre todo, inmovilista, de algunas de esas categorías fue contestado con claridad por varios autores y estudios empíricos (Littlewood, 2001; Feng, 2009).

Se trata de un riesgo que también se ha puesto de manifiesto por diversos autores al hablar de la educación intercultural en general (Canagarajah 2013, Pennycook y Makoni, 2020), a saber: si ponemos excesiva atención a las diferencias, corremos el riesgo de reificarlas, darlas por inamovibles. Al hacerlo, negamos su complejidad a los/as alumnos, que tienen la capacidad de seguir o no las expectativas más comunes de sus distintas adscripciones culturales, de adoptar distintas posiciones en las múltiples redes en las que interactúan, no solo en tanto pertenecientes a tal o cual cultura de origen. Ese riesgo de refuerzo de los estereotipos y de vuelta al esencialismo al prestar atención a las diferencias lo tienen muy claro los estudiosos que reclaman la pluricentralidad del inglés, su no referencia a los valores anglosajones, su reivindicación no solo como lingua franca pluricéntrica y pluricultural (Canagarajah, 2013), sino también como (en plural) lingua francas, "multilingua francas" o "metrolingua francas" (Pennycook y Otsuji, 2015, p. 175-176).

Como consecuencia de todo lo anterior, en el módulo dedicado a la interculturalidad y el lenguaje del aula en Prof-teaching, procuramos incluir una reflexión sobre las diferentes culturas de aula o culturas de aprendizaje, sin reducir la realidad a un juego de opuestos y diferencias insalvables, sin uniformar a todos los estudiantes de un determinado origen, lo que les negaría la agencia, la posibilidad de, como todas las culturas, estar en constante evolución y diálogo. Todo ello siendo consciente de los condicionantes políticos y dinámicas de poder dentro y fuera de cada grupo, las cuestiones sistémicas que afectan también a la educación y al alumnado, las limitaciones de acceso a recursos, etc. Así pues, y con esas salvedades en mente, seguimos considerando relevante prestar atención, en la formación de profesorado que se enfrente a la diversidad, cómo las culturas de origen del alumnado pueden afectar a sus expectativas, formas de comunicación, comportamientos y actitudes (Feng, 2009; Haines, Kroese y Guo, 2020; Nguyen, Ho, Do y Pham, 2024; Valcke y Båge, 2020).

En nuestro caso, tanto por medio del estudio de casos proporcionados en el curso, como a través de los resultados obtenidos en grupos de trabajo de los participantes, revisamos posibles diferencias en las ideas de qué es un/ buen/a profesor/a, un/a buen/a alumno/a, cómo es una buena clase, y, entre otros elementos (y dejando de lado cuestiones de pragmática o posibles diferencias más generales –vestimenta, comidas en el aula, espacios físicos, etc.-), las diferencias en las culturas de aula/ culturas de aprendizaje que listamos a continuación.

En el aula EMI es posible que haya, entre los participantes, expectativas, comportamientos o ideas diferentes respecto a:

- evaluar, explicar los criterios de evaluación, trasladar o no (y cuándo) al alumnado los resultados de evaluación de cada herramienta de evaluación, proporcionar retroalimentación o no.

- desde la perspectiva del alumnado, qué esperar en términos de explicaciones del sistema de evaluación, de comunicación de correcciones/evaluaciones continuas, qué esperar en cuanto al tiempo de la corrección/la comunicación, qué esperar en términos de retroalimentación.

- presentar /explicar contenidos nuevos, recuperar contenidos presentados anteriormente.

- dirigirse al alumnado/al profesorado en términos de cortesía, gestualidad, proxémica.

- asignar tareas/practicas, proporcionar espacio/tiempo para prácticas en las sesiones o no, y comunicar plazos, formas de presentación y evaluación, etc.

- organizar, vigilar y administrar exámenes (profesorado) y realizar exámenes (alumnado).

- establecer y comunicar requisitos, establecer e informar de formas de comunicación y formas/plazos, etc. para llevar a cabo las comunicaciones (anuncios, tutorías virtuales, etc.)

- flexibilidad (por parte del profesorado y del alumnado) en plazos, entregas, evaluaciones, tutorías, etc.

- normas y grado de flexibilidad en asistencia, puntualidad, entradas y salidas del aula, etc.

- formas de mostrar la disponibilidad en el aula y fuera del aula (tutorías virtuales y presenciales, correo, etc.)

- formas /tiempos /frecuencia y fomento/apreciación de la participación, en general.

- formas / tiempos /frecuencia de la participación plurilingüe o con ayuda en caso de problemas de lengua (aceptación/ no aceptación / fomento del translenguar y de los dispositivos tecnológicos que puedan servir de apoyo, o aceptación / no aceptación de la ayuda de compañeros; parafraseo/ repetición/ aclaración en inglés de la participación en otras lenguas, etc).

- Inclusión /no inclusión /fomento del pensamiento crítico, el trabajo cooperativo y las tareas de resolución de problemas.

4.3. La clase como tercer espacio.

Hemos visto cómo, en nuestro taller Prof-teaching de formación intercultural para profesorado de EMI, tanto al trabajar sobre la conciencia intercultural, como al abordar las culturas de aula o culturas de aprendizaje, hemos procurado siempre evitar el esencialismo y la reificación de las culturas, tan problemática y tan frecuente, como vimos, en las formaciones basadas en la modelización de la llamada competencia intercultural. Seguimos fomentando en profesorado y alumnado la capacidad de comparar culturas, de contrastar críticamente semejanzas y diferencias, pero no viendo las unas y las otras como algo "dado", "que uno tiene o no" (Zhu, 2014, p. 209), sino acordándonos siempre de que se trata de identidades culturales complejas, que los/as estudiantes y los/las docentes no son representantes unívocos de esas culturas, y que esas culturas que comparamos son dinámicas, provisionales. Que, hasta cierto punto, son todas híbridas, fluidas, y recreadas por nosotros en cada interacción, cada contexto (Block, 2007; Blommaert, 2010; Zhu, 2014), y nuestra comprensión (incomprensión también, cabría añadir) de los otros no está dada de antemano, sino que sucede en el momento, en la interpretación y la construcción conjunta de significados (Crichton y Scarino, 2007, p.12).

Uno de esos contextos, y uno muy especial, es el aula universitaria en un contexto de internacionalización como el EMI, en la que todos los implicados (institución, profesorado, alumnado) están de entrada dispuestos a mover sus puntos de referencia y salir al encuentro de una comunidad universitaria global. Si bien es cierto que no se trata de un espacio neutro (Guilherme, 2021; De Wit, 2019), afectado como está por las diferentes fuerzas que intervienen en la internacionalización y las diferentes motivaciones de los participantes, lo cierto es que el aula EMI es una zona de interacción intercultural privilegiada. Una de las zonas que Canagarajah llama de "transculturación", en las que "the cultural values subjects bring to the interaction are creatively transmuted into coconstructed hybrid cultures" (Canagarajah 2013, p.222).

En el módulo de formación intercultural de Prof-teaching vinculamos la reflexión, el estudio de casos y las actividades de debate sobre ese espacio de intercambio con el concepto de Tercer espacio o tercera cultura. En su origen, la noción de tercer espacio surge de las obras de Homi Bhabha, para el que las culturas, todas ellas híbridas, se manifiestan y materializan precisamente en la diferencia, en un espacio exterior a ellas, el de la interacción (Bhabha, 1994). Al hablar de interculturalidad y de formación intercultural, Claire Kramsch hace suyo ese concepto para hablar del sujeto intercultural y multilingüe, del aula como tercer espacio (Kramsch y Uryu, 2012).

En un EMI autoconsciente, intercultural y bien engarzado en los procesos de internacionalización, como el que buscamos, el aula es ese tercer espacio de Kramsch (2019). En nuestra clase en inglés en una universidad española ya no estamos situados entre una cultura de origen (¿la del alumnado internacional? ¿cuál de ellos, los que hablan inglés como lengua materna, los que lo usan como lingua franca? ¿la del alumnado local que estudia en inglés?) y una supuesta cultura meta (¿la del lugar donde se produce la clase? ¿la de los países anglosajones como "centros" supuestos de la lengua que usamos como vehículo?), sino entre todas las culturas. Todas las decisiones respecto al proceso de enseñanza serán conscientes y, ojalá, explícitas, y la "cultura" de la clase será, como todas, emergente: se materializará en el contexto, entre los participantes, y no es ya posible ni deseable marcar líneas fijas entre lo "nuestro" y lo de "otros" (Holliday, 2012). Por supuesto, seguirá habiendo diferencias potenciales, así como espacios de ambigüedad que aspiramos a reducir. Por supuesto, seguirán presentes en ocasiones la comprensión parcial o la incomprensión, las interpretaciones divergentes de las situaciones de aula, de las interacciones entre estudiantes y entre ellos y el profesorado, porque son parte esencial de cualquier comunicación (Borghetti, 2019; Dervin, 2023), pero la formación y el trabajo explícito sobre estos aspectos aspiran a mejorar la comunicación intercultural y a hacer a todos los implicados no solo más conscientes de sus repertorios lingüísticos y culturales, sino de su lugar en ese tercer espacio potencialmente enriquecedor que es la internacionalización.

CONCLUSIONES

El impulso que sigue recibiendo la educación en inglés en contextos universitarios en países que no tienen el inglés como lengua materna no ha ido de la mano de una adecuada, planificada y sistemática formación del profesorado (O'Dowd, 2018; Lasagabaster, 2022). Cuando sí ha existido, el foco se ha puesto en la competencia lingüística, y solo más tarde y en menor medida, los aspectos metodológicos (Morell, 2020), quedando con frecuencia invisibilizada la necesidad de formación intercultural, pese a que se esperaba del EMI que el alumnado se volviera interculturalmente competente (Griffiths, 2023; Valcke y Båge, 2020). En el caso que hemos presentado aquí, el programa de desarrollo profesional *Prof-teaching*, en todo momento se mantuvo, si bien con un limitado número de horas en el conjunto de la formación, la necesidad y la importancia de un componente intercultural. Hemos visto los tres aspectos en los que se ha centrado dicho componente, con la semilla para una posible ampliación futura y para una investigación sistemática de sus resultados. La internacionalización, no podrá ser de largo alcance si no es intercultural y, sobre todo si no es consciente, planificada y reflexiva, incorporando a esa reflexión al propio profesorado, que ha de ver sus posibilidades como mejora de la educación global y como refuerzo de los intereses, educativos y sociales

(De Wit, 2020, p.16), de las instituciones de educación superior. Así, la clase vehiculada en inglés, y la formación del profesorado que la hace posible, precisa incorporar la interculturalidad porque es parte fundamental de su propia naturaleza, y un pilar esencial de su contribución a la internacionalización universitaria.

REFERENCIAS

Akıncıoğlu, M. (2024). Rethinking of EMI in higher education: a critical view on its scope, definition and quality. Language, *Culture and Curriculum, 37*(2), 139-154.

Akıncıoğlu, M. (2024). Rethinking of EMI in higher education: a critical view on its scope, definition and quality. Language, *Culture and Curriculum, 37*(2), 139-154.

Arasaratnam, L. A. (2007). Research in intercultural communication competence: Past perspectives and future directions. *Journal of International Communication, 13*(2), 66-73.

Arasaratnam, L.A. (2015). Research in Intercultural Communication: Reviewing the Past decade. Journal of International and Intercultural Communication, 8(34), 290–310. https://doi.org/10.1080/17513057.2015.1087096

Arasaratnam, L. A. y Doerfel, M. L. (2005). Intercultural communication competence: Identifying key components from multicultural perspectives. *International journal of intercultural relations, 29*(2), 137-163.

Barrett, M. (2017). Competences for democratic culture and intercultural dialogue martyn barrett. En Portera, A. y Grant, C.A. (Eds.). *Intercultural Education and Competences: Challenges and Answers for the Global World.* Cambridge Scholars.

Bhabha, H.K. (1994). *The Location of Culture.* Routledge

Block, D. (2007). *Second language identities.* Continuum

Blommaert, J. (2010). *The sociolinguistics of globalization.* Cambridge University press

Borghetti, C. (2019). Interculturality as collaborative identity management in language education. *Intercultural Communication Education, 2* (1), 20-38

Byram, M. (1997). *Teaching and assessing intercultural communicative competence.* Multilingual Matters

Byram, M. (2008). *From foreign language education to education for intercultural citizenship.* Multilingual Matters.

Byram, M. (2020). The responsibilities of language teachers when teaching intercultural competence and citizenship–an essay. *China media research*, 16 (2). pp. 77-84.

Canagarajah, S. (2013). Agency and power in intercultural communication: Negotiating English in translocal spaces. *Language and Intercultural Communication, 13*(2), 202-224

Coleman, J. (1996). Studying Languages: a survey of British and European students. The proficiency, background, attitudes and motivations of students of foreign languages in the United Kingdom and Europe, *Centre for Information on Language Teaching and Research.e learning in study abroad*, 37, pp. 17-44.

Coleman, J. (2013). Researching whole people and whole lives . In C. Kinginger (ed.), Social and cultural aspects of language learning in study abroad . Amsterdam : John Benjamins , 17 -44

Corrales, K. A., Paba Rey, L. A., y Santiago Escamilla, N. (2016). Is EMI enough? Perceptions from university professors and students. *Latin American Journal of Content & Language Integrated Learning*, 9(2), 318–344. https://doi.org/10.5294/laclil.2016.9.2.4

Cortazzi, M y Jin, L. (1996) Cultures of Learning: Language Classrooms in China en Coleman, H. (ed.) *Society and the Language Classroom*, CUP. pp.169-206

Council of Europe. (2018a). *Reference Framework for Democratic Culture: Volume One: Contexts, Concepts and Model. Vol. 2. Descriptors of competences for democratic culture. Vol. 3. Guidance for implementation*. Council of Europe Publishing.

Crichton, J. y Scarino, A. (2007). How are we to understand the 'intercultural dimension'?: An examination of the intercultural dimension of internationalisation in the context of higher education in Australia. *Australian Review of Applied Linguistics*, 30(1), pp.4.1-4.21. DOI: 10.2104/aral0704.

Curle, S., Alqarni, O. M., Mahdi, H. S., Al-Nofaie, H. A., y Ali, J. K. M. (2024). Exploring the nexus of variables in English-medium instruction research: a comprehensive global meta-analysis. *International Journal of Multilingualism*, 1-26.

Da Silva, K. A. y Pereira, L. S. M. (Eds.). (2023). *Decolonizing the internationalization of higher education in the global South: Applying principles of critical applied linguistics to processes of internationalization*. Taylor & Francis.

Dafouz, E., Camacho, M., y Urquia, E. (2014). 'Surely they can't do as well': A comparison of business students' academic performance in English-medium and Spanish-as-first-language-medium programmes. *Language and Education, 28*(3), 223-236.

Dafouz, E., López-Serrano, S., y Pérez-Paredes, P. (2023). Students' views of disciplinary literacies in internationalised English-medium higher education: Step-by-step survey development. *Research Methods in Applied Linguistics, 2*(3)

Dafouz, E., y Smit, U. (2020). *ROAD-MAPPING English medium education in the internationalized university.* Palgrave MacMillan

De Wit, H. (2019). Internationalization in higher education, a critical review. *Simon Fraser University Educational Review, 12*(3), 09–17.

De Wit, H. (2020). The future of internationalization of higher education in challenging global contexts. ETD – *Educação Temática Digital, 22*(3), 538–545.

De Wit, H., y Hunter, F. (2015). The future of internationalization of higher education. *International Higher Education, 83*, 23. https://ejournals.bc.edu/ojs/

Dervin, F. (2010). Assessing intercultural competence in language learning and teaching: A critical review of current efforts. En Dervin, F. y Suomela-Salmi, E. (Eds.). *New approaches to assessment in higher education* (pp. 157–173). Peter Lang

Dervin, F. (2020). Creating and combining models of Intercultural competence for teacher education/training: on the need to rethink IC frequently. In *Intercultural Competence in the Work of Teachers* (pp. 57-72). Routledg

Dervin, F. (2023). Interculturality, criticality and reflexivity in teacher education. Cambridge University Press.

Dervin, F. (Ed.). (2024). The Routledge Handbook of Critical Interculturality in Communication and Education. Taylor & Francis.

Doiz, A., Lasagabaster, D., y Sierra, J. M. (Eds.). (2012). *English-medium instruction at universities: Global challenges.* Multilingual matters.

Feng, A. (2009). Becoming interculturally competent in a third space. En Fleming, M. P. *Becoming interculturally competent through education and training.* Multilingual Matters. Pp. 71-91

Galloway, N., y Ruegg, R. (2020). The provision of student support on English Medium Instruction Programs in Japan and China. *Journal of English for Academic Purposes, 45*, 1–14. https://doi. org/10.1016/j.jeap.2020.100846

Guilherme, M. (2007). English as a global language and education for cosmopolitan citizenship. *Language and Intercultural Communication, 7*(1), 72-90.

Guilherme, M. (2019). Glocal languages beyond post-colonialism: The metaphorical North and South in the geographical north and south. En Guilheerme, M. y Menezes de Souza, L.M. (Eds.) *Glocal Languages and Critical Intercultural Awareness* (pp. 42-64). Routledge.

Guilherme, M. y Sawyer, M. (2021). How Critical Has Intercultural Learning and Teaching Become? A Diachronic and Synchronic View of "Critical Cultural Awareness" in Language Education. En López-Jiménez, M.D. y Sánchez-Torres, J. (Eds). *Intercultural Competence Past, Present and Future* (pp. 185-208). Springer.

Griffiths, C. (Ed.). (2023). *The practice of English as a medium of instruction (EMI) around the world.* Springer Nature.

Haines, K., Kroese, M., y Guo, D. (2020). Language usage and learning communities in the informal curriculum: The student as protagonist in EMI? En Bowles, H., & Murphy, A. C. (Eds.). *English-medium instruction and the internationalization of universities.* Palgrave Macmillan. Pp.181-203

Hammond, S., y Gao, H. (2002). Pan Gu's paradigm: Chinese education's return to holistic communication in learning. *Chinese communication studies: Contexts and comparisons,* 227-244.

Hoff, H. E. (2020). The Evolution of Intercultural Communicative Competence: Conceptualisations, Critiques and Consequences for 21st Century Classroom Practice. *Intercultural Communication Education,* 3(2), 55-74.

Holliday, A. (2012). Culture, communication, context, and power. En Jackson, J. (Ed.). *The Routledge handbook of language and intercultural communication* (pp. 37-51). Routledge.

Huang, W., y Fang, F. (2023). Intercultural competence development in EMI programs in China: Teachers' beliefs and practices. En Fang, F. y Sah, P. (Eds.), *English-Medium Instruction Pedagogies in Multilingual Universities in Asia.* Taylor and Francis. pp. 64–80. https://doi.org/10.4324/9781003173137-6

Kennedy, P. (2002) Learning cultures and learning styles. En J. Cribbin and P. Kennedy (eds) *Lifelong Learning in Action: Hong Kong Practitioners' Perspectives.* Hong Kong University Press. pp. 71-92.

Kramsch, C. (2019). Between globalization and decolonization: Foreign languages in the cross-fire. In *Decolonizing foreign language education* (pp. 50-72). Routledge

Kramsch, C. y Uryu, M. (2012). Intercultural contact, hybridity, and third space. En Jackson, J. (Ed.). *The Routledge handbook of language and intercultural communication* (pp. 211-225). Routledge.

Kremer, M., y Pinto, S. (2025). Exploring the interconnectedness between English-medium instruction and intercultural competence: A systematic literature review. *International Journal of Instruction*, 18(1), 193-214.

Kumaravadivelu, B. (2008). *Cultural globalization and language education*. Yale University Press.

Lantz-Deaton, C. (2017). Internationalisation and the development of students' intercultural competence. *Teaching in Higher Education*, 22(5), 532-550.

Lasagabaster, D. (2018). Fostering team teaching: Mapping out a research agenda for English-medium instruction at university level. *Language Teaching*, 51(03), 400–416. doi:10.1017/S0261444818000113

Lasagabaster, D. (2022). *English-medium instruction in higher education*. Cambridge University Press.

Lasagabaster, D., y Doiz, A. (Eds.) (2021). *Language Use in English-Medium Instruction at University: International Perspectives on Teacher Practice*. Routledge.

Leask, B. (2015). *Internationalizing the curriculum*. Routledge.

Liddicoat, A., Papademetre, L., Scarino, A. y Kohler, M. (2003) *Report on Intercultural Language Learning, Report to the Australian Government Department of Education Science and Training*.

Littlewood, W. (2001). Students' attitudes to classroom English learning: A cross-cultural study. *Language teaching research*, 5(1), 3-28.

Macaro, E. (2018). *English medium instruction*. Oxford University Press. doi:10.30687/978-88-6969-227-7/001

Macaro, E. y Han, S. (2020) English medium instruction in China's higher education: teachers' perspectives of competencies, certification and professional development, *Journal of Multilingual and Multicultural Development*, 41:3, 219-231, DOI: 10.1080/01434632.2019.1611838

Maíz-Arévalo, C. y Orduna-Nocito, E. (2021). Developing Intercultural Communicative Competence: A Cornerstone in EMI in-service Training Programmes in Higher Education" *Alicante Journal of English Studies* 34, p.159-184. https://doi.org/10.14198/raei.2021.34.01

Molino, A., Dimova, S., Kling, J., y Larsen, S. (2022). *The evolution of EMI research in European higher education*. Routledge.

Morell, T. (2020). EMI Teacher Training with a Multimodal and Interactive Approach: A New Horizon for LSP Specialists. *Language Value*, 12(1), 56–87.

Morell, T., Aleson-Carbonell, M., y Escabias-Lloret, P. (2023). Prof-teaching: An English-medium instruction professional development program with a digital, linguistic and pedagogical approach. En *Teacher Professional Development for the Integration of Content and Language in Higher Education* (pp. 28-47). Routledge.

Nguyen, T. H. H., Ho, T. N., Do, T. M. D., y Pham, T. T. T. (2024). Factors Affecting Learner Autonomy in EMI Studying of English-Major Students at some Economics Universities in Hanoi, *Vietnam. International Journal of Language Instruction*, 3(3), 36-53.

O'Dowd, R. (2018). The training and accreditation of teachers for English Medium Instruction: An overview of practices in European universities. *International Journal of Bilingual Education and Bilingualism*, 21(5), 553–563. doi:10.1080/13670050.2018.1491945

Orduna-Nocito, E., y Sánchez-García, D. (2022). Aligning higher education language policies with lecturers' views on EMI practices: A comparative study of ten European universities. *System*, 104, 102692.

Pennycook, A. y Makoni, S. (2020). *Innovations and challenges in applied linguistics from the global south*. Routledge.

Pennycook, A. y Otsuji, E. (2015). *Metrolingualism: Language in the city*. Routledge

Phillipson, R. (2018). English, the lingua nullius of global hegemony. *The politics of multilingualism: Europeanisation, globalisation and linguistic governance*, 275-304.

Risager, K. (2007). *Language and culture pedagogy. From a national to a transnational paradigm*. Multilingual Matters

Risager, K. (2020). Linguaculture and transnationalityThe cultural dimensions of language. In *The Routledge handbook of language and intercultural communication* (pp. 109-123). Routledge.

Romijn, B. R., Slot, P. L. y Leseman, P. P. (2021). Increasing teachers' intercultural competences in teacher preparation programs and through professional development: A review. *Teaching and Teacher Education, 98*, https://doi.org/10.1016/j.tate.2020.103236

Sahan, K., Mikolajewska, A., Rose, H., Macaro, E., Searle, M., Aizawa, I., y Veitch, A. (2021). Global mapping of English as a medium of instruction in higher education: 2020 and beyond. *British Council, 68.*

Sánchez-García, D., y Dafouz, E. (2020). Equipping educational developers for inclusive international programs in higher education. En Sánchez-Pérez, M. D. M. (Ed)*Teacher training for English-medium instruction in higher education*. IGI Global. pp. 21-40

Sinicrope, C., Norris, J. y Watanabe, Y. (2008). *Understanding and assessing intercultural competence: A summary of theory, research, and practice. Technical report for the Foreign Language Program Evaluation Project.* University of Hawai 'i Manoa

Skutnabb-Kangas, T., Phillipson, R. y Kontra, M. (2001). Reflections on scholarship and linguistic rights: A rejoinder to Jan Blommaert. *Journal of Sociolinguistics, 5*(1), 143-155.

Spitzberg, B.H. y Changnon, G. (2009). Conceptualizing Intercultural Competence. En Deardorff, D. (Ed.) *The Sage Handbook of Intercultural Competence.* Sage Publications. pp. 2-52.

Tabuenca-Cuevas, M. (2016). Language Policies and Language Certificates in Spain—What's the Real Cost?. *Educational Studies, 52*(5), 438-451.

Tabuenca-Cuevas y Fernández-Molina (2025) ¿Cuáles son las necesidades formativas del profesorado que imparte docencia en grupos Alto Rendimiento Académico y utiliza English as a Medium of Instruction? En M. Tabuenca y B. Domenech (eds). El professor del siglo XXI, (pp. 13-24.). Tirant Lo Blanc.

Trumbull, E., Rothstein-Fisch, C., Greenfield, P. M., y Quiroz, B. (2001). *Bridging cultures between home and school: A guide for teachers.* Routledge.

Trumbull, E., y Rothstein-Fisch, C. (2011). The intersection of culture and achievement motivation. *School Community Journal, 21*(2), 25-53.

Valcke, J., y Båge, K. (2020). Stepping out of the silos: Training teachers, training trainers. En Sánchez-Pérez, M. D. M. (Ed). *Teacher Training for English-Medium Instruction in Higher Education* . IGI Global. (pp. 63-86).

Van den Hende, F., Whitsed, C., y Coelen, R. J. (2023). An organizational change perspective for the curriculum internationalization process: Bridging the gap between strategy and implementation. *Journal of Studies in International Education, 27*(3), 520-538.

Wagner, M., Conlon Perugini, D. y Byram, M. (Eds.). (2018). *Teaching intercultural competence across the age range: From theory to practice.* Multilingual Matters.

Zhu, H. (2014). *Exploring intercultural communication: Language in action.* Routledge.

2º Parte:
Alumnado y el perfil motivacional

Motivaciones del alumnado para formar parte de un grupo ARA en el Grado de Educación Primaria

M. Vicent., R. Sanmartín, y B. Delgado

1. CARACTERÍSTICAS DEL GRUPO ARA EN EL GRADO DE MAESTRO EN EDUCACIÓN PRIMARIA

Los grupos de alto rendimiento o grupos ARA son proyectos promovidos en la Comunitat Valenciana por la Conselleria de Educación, Formación y Empleo en colaboración con las universidades públicas valencianas a partir de 2010. Su propósito fundamental es favorecer y potenciar las competencias del alumnado más destacado desde el inicio de sus estudios universitarios, y de este modo, los estudiantes más brillantes y con las mejores aptitudes, puedan disponer de las ayudas y los apoyos disponibles para que alcancen el más alto rendimiento académico posible (Conselleria de Educación, Universidades y Empleo, 2020).

La principal característica de los grupos ARA es que son grupos reducidos, con un número de estudiantes óptimo, lo que permite aplicar metodologías de enseñanza innovadoras. Estos grupos se inician en el primer curso de la titulación, siendo el inglés la lengua vehicular de la mitad de los créditos básicos del Grado. Además, el profesorado que imparte docencia en dichos grupos presenta una trayectoria docente e investigadora de alta calidad, teniendo que acreditar al menos dos sexenios en el caso de Catedráticos/as de Universidad, y de un sexenio en el caso de Titulares de Universidad.

En la Universidad de Alicante, el grupo ARA en el Grado de Maestro en Educación Primaria se consolidó en la Facultad de Educación durante el curso académico 2018-2019. El procedimiento para ingresar en este grupo se realiza por parte del alumnado teniendo en cuenta su expediente académico y el conocimiento de lenguas extranjeras, debiendo certificar un nivel de inglés equivalente a B2. Tras la constitución del grupo ARA en primer curso, el alumnado que lo compone se mantiene durante todos los cursos del Grado, si bien, puede darse de baja a lo largo de los cursos previa solicitud por parte del alumnado a la responsable de la titulación.

En este sentido, la consecución del Grado de Maestro en Educación en el grupo ARA, y la superación de las 14 asignaturas en lengua inglesa, permite la obtención de la mención en el suplemento europeo al título. Además, el alumnado que pertenece a dicho grupo, presenta un criterio preferente para las bolsas de becas de movilidad Erasmus y de ayudas de viaje para el aprendizaje de idiomas. Otros beneficios que puede contar dicho alumnado es la preferencia para acceder a ayudas para la formación del personal investigador en sus diversas modalidades.

Para adaptarse a las necesidades del estudiantado del grupo ARA, el profesorado del Grado ha desarrollado nuevas metodologías de enseñanza activas generando entornos y propuestas que facilitan el aprendizaje significativo a partir de actividades de vivenciación y trabajo colaborativo. Adicionalmente, se han adaptado sistemas de evaluación complementarios para tener en cuenta las nuevas actividades programadas. Asimismo, la inmersión lingüística del alumnado ha promovido el aumento de las competencias orales y escritas en lengua inglesa con el aprendizaje de vocabulario específico de asignaturas dentro de diferentes áreas de conocimiento como la Psicología, la Pedagogía, la Didáctica y la Sociología, entre otras.

En este sentido, el desarrollo de estas competencias lingüísticas, unido a las facilidades para solicitar becas Erasmus, ha generado un aumento significativo en las solicitudes del alumnado ARA en programas de movilidad para estudiar en el extranjero y el aprovechamiento de estos, durante al menos un periodo (semestre), en tercer y cuarto curso de la titulación. Estas acciones han tratado de mejorar las competencias profesionales del alumnado tan necesarias para desarrollar un perfil profesional de formador en el futuro (Scherzinger y Brahm, 2023).

El análisis del funcionamiento del grupo ARA en el Grado de Maestro en Educación Primaria ha sido una prioridad, siendo evaluadas las necesidades del alumnado en diferentes proyectos de innovación docente financiados por el Instituto de Ciencias de la Educación (ICE) de la Universidad de Alicante. A partir de la consolidación de tres redes de investigación en docencia universitaria se analizó el perfil motivacional y actitudinal, así como las necesidades del alumnado ARA (Sanmartín, Gonzálvez, y García-Fernández, 2022; Sanmartín y Pérez-Sánchez, 2019; 2020). Seguidamente se detallan los principales hallazgos y reflexiones sobre las motivaciones, beneficios y necesidades percibidas por el alumnado, así como las áreas de mejora detectadas por los miembros del grupo ARA.

2. PERFIL MOTIVACIONAL Y ACTITUDINAL DEL ALUMNADO DEL ARA

Para profundizar acerca de la necesidad de disponer de grupo ARA en el Grado de Maestro de Educación Primaria de la Universidad de Alicante es importante describir y reflexionar acerca de las motivaciones y beneficios percibidas por parte del alumnado del grupo ARA o asignaturas en inglés en el grado de Maestro de Educación Primaria.

En este sentido, teniendo en cuenta las motivaciones que han llevado a los estudiantes participar en grados que permitan la opción de recibir parte de la docencia en lengua inglesa, es importante comenzar destacando el alumnado que estudió en lengua inglesa la asignatura de Psicología del Desarrollo en el curso 2018-2019. Dicho curso fue la antesala de la implantación del grupo ARA en el Grado de Maestro de Educación Primaria y, como puede verse en la investigación de Sanmartín y Pérez-Sánchez (2019), los estudiantes indicaron que sus principales motivaciones para estudiar en lengua inglesa fueron la oportunidad que les brinda la situación para mejorar su nivel lingüístico en dicha lengua y la necesidad de preparar clases en inglés en el futuro.

En la misma línea, los autores Sanmartín y Pérez-Sánchez (2020), en la primera muestra de estudiantes de grupo ARA de primer curso del

Grado de Maestro de Educación Primaria de la promoción 2019-2020, obtuvieron las mismas motivaciones prioritarias.

Por último, Sanmartín et al. (2022) analizaron las motivaciones de los estudiantes de primer, segundo y tercer curso del grupo ARA del grado de Maestro de Educación Primaria durante el curso 2021-2022 y llegaron a la conclusión de que el alumnado de primero destacaba como motivaciones principales la mejora del nivel lingüístico y el aprendizaje de vocabulario específico en lengua inglesa; el alumnado de segundo curso destacó las mismas motivaciones que el primer curso; y el alumnado de tercero destacó el aprendizaje de vocabulario específico.

Por lo que respecta a los beneficios percibidos por parte de los estudiantes del grado de Maestro de Educación Primaria a la hora de estudiar en lengua inglesa, la muestra detallada anteriormente en la investigación de Sanmartín y Pérez-Sánchez (2019) indicó como beneficio más relevante el aprendizaje de vocabulario específico en lengua inglesa.

Los estudiantes de la investigación de Sanmartín y Pérez-Sánchez (2020) mencionaron que los alumnos del grupo ARA escogieron como beneficio más destacable el mismo motivo destacado por el alumnado de la investigación del curso anterior.

Finalmente, los estudiantes de la investigación de Sanmartín et al. (2022) indicaron la mejora de vocabulario específico (alumnado de 1er y 2º curso), y la mejora de las competencias clave y de competencias profesionales para el futuro profesional (alumnado de 3er curso).

En definitiva, las investigaciones realizadas hasta el momento en muestra del Grado de Maestro de Educación Primaria con experiencia de participación en asignaturas universitarias en lengua inglesa coinciden a la hora de resaltar la importancia de aprovechar la experiencia en dichas asignaturas para mejorar sus niveles lingüísticos en inglés.

Los primeros cursos aluden a motivaciones que específicamente implican una mejora en el vocabulario técnico en lengua inglesa dentro del campo de la educación y a la mejora de competencias lingüísticas importantes.

Por otro lado, el alumnado con más experiencia en los grupos ARA añade la importancia de preparar su futuro profesional, ya que posiblemente espera la necesidad de utilizar el inglés en sus clases y el trabajo de asignaturas universitarias en lengua inglesa puede suponer una preparación extra para tal efecto.

El grupo ARA, en definitiva, cubre las motivaciones del alumnado del grado de Maestro de Educación Primaria a la hora de aumentar su competencia lingüística en inglés, ya que la mitad del Plan de Estudios se imparte en lengua inglesa. Del mismo modo, esta posibilidad de formación lingüística adicional universitaria permite disponer de futuros maestros capaces de llevar a cabo planes educativos plurilingües, los cuales van en la línea de las últimas normativas educativas publicadas por la Conselleria de Educación de la Comunidad Valenciana.

3. DETECCIÓN DE DIFICULTADES Y ÁREAS DE MEJORA EN EL ALUMNADO DEL GRUPO ARA

La detección de dificultades y áreas de mejora percibidas por estudiantes del grado de Maestro de Educación Primaria a la hora de matricularse en grupos ARA ha sido considerado un foco de análisis fundamental para el equipo docente y de gestión universitaria. Es importante que los grupos ARA puedan asentarse de una manera estable y definitiva dentro del plan de estudios del grado de Maestro de Educación Primaria y la opinión del alumnado que los cursa es vital para mejorarlos y adaptarlos a sus necesidades.

Para la descripción de las dificultades y áreas de mejora de los estudiantes del grupo ARA se tendrán en cuenta los resultados descritos en las investigaciones de Sanmartín y Pérez-Sánchez (2019; 2020) y Sanmartín et al. (2022), que como se ha mencionado anteriormente, son las únicas investigaciones realizadas para analizar la opinión de los estudiantes que han participado en asignaturas impartidas en lengua inglesa en el grado.

Comenzando por las dificultades percibidas por los estudiantes que cursaron la asignatura de Psicología del Desarrollo en lengua inglesa en el curso 2018-2019, se pudo observar que la dificultad que obtuvo una mayor frecuencia fue la utilización de vocabulario específico en las asignaturas, lo que provocaba que el seguimiento de las explicaciones fuera complicado y la comprensión se viera afectada (Sanmartín y Pérez-Sánchez, 2019).

Los estudiantes del grupo ARA del curso 2019-2020 coincidieron a la hora de mencionar de manera mayoritaria que no encontraban dificultades añadidas en la realización de asignaturas en lengua inglesa en comparación con el resto de las asignaturas (Sanmartín y Pérez-Sánchez, 2020).

Por lo que respecta a los estudiantes del grupo ARA durante el curso académico 2021-2022, los estudiantes de primer curso coincidieron en señalar que no encontraban dificultades añadidas a la hora de participar en clases en las cuales la lengua inglesa era la lengua vehicular. El alumnado de segundo curso, por su parte, destacó como dificultad más repetida el uso de vocabulario específico en las asignaturas y las implicaciones que dicho vocabulario tiene a la hora de afectar negativamente al seguimiento de las clases y comprensión del temario. En el caso de los estudiantes de tercer curso, la consideración de no tener dificultades añadidas a la hora de realizar el seguimiento de las clases fue la apreciación más repetida por el grupo (Sanmartín et al., 2022), ya que su adaptación desarrollo de las clases y de la evaluación en inglés se había consolidado.

Teniendo en cuenta las propuestas de mejora del alumnado del grupo ARA, es importante comenzar destacando las consideraciones del alumnado de la primera promoción del grupo ARA del grado de Maestro de Educación Primaria (Sanmartín y Pérez-Sánchez, 2020). Dichos estudiantes destacaron como posible mejora la posibilidad de que el profesorado pudiera recibir cursos de formación específica en docencia en lengua inglesa.

El alumnado del curso 2021-2022, el cual ha sido descrito en la investigación de Sanmartín et al. (2022), concluyó de manera unánime, en los tres cursos de grupo ARA, que el docente a cargo de las asignaturas en lengua inglesa debería disponer de mayor formación específica a la hora de gestionar las clases y adaptar el contenido de estas al inglés. Esta consideración se ha valorado positivamente para el establecimiento de cursos de formación específica sobre metodologías de enseñanza en inglés para el profesorado universitario ofertados desde el ICE y el Centro Superior de Idiomas (CSI) de la Universidad de Alicante.

Por tanto, tras analizar la información brindada por el alumnado de los grupos ARA, se ha podido comprobar que, en el caso de las dificultades, la mayoría de los estudiantes coincide en no señalar dificultades añadidas a la hora de afrontar las clases en lengua inglesa y en el caso de señalar alguna dificultad se centran en el uso de vocabulario específico que puede dificultar el seguimiento y comprensión del material trabajado en las clases.

Por lo que respecta a la identificación y proposición de medidas que pudieran suponer una mejora del desarrollo y de la implantación de los grupos ARA en el Grado de Maestro de Educación Primaria, la totalidad del alumnado que ha participado en las investigaciones mencionadas ha coincidido en destacar la necesidad de proporcionar al profesorado responsable de las asignaturas en lengua inglesa cursos de formación que les ayuden a llevar una gestión efectiva de la asignatura. Las asignaturas impartidas en lengua inglesa no deben ser una mera traducción de los contenidos, sino que la lengua inglesa requiere de una estructura de clase diferente y la formación docente puede ser una estrategia necesaria e indispensable para tal efecto (Pavón-Vázquez, Lancaster, y Bretones-Callejas, 2020). Por ello, se ha fomentado al profesorado del grupo ARA la participación en cursos de especialización del ICE y del CSI para la formación en metodologías docentes específicas en lengua inglesa.

4. CONCLUSIONES

El grupo ARA en el Grado de Maestro en Educación Primaria ha supuesto una apuesta importante de la Facultad de Educación de la Universidad de Alicante para incrementar la calidad de la titulación, así como para identificar y atender a las necesidades del alumnado diverso. En este sentido, la incorporación nuevas metodologías de enseñanza, la reducción de la ratio en los grupos y el aumento en el número de créditos de las asignaturas en inglés, ha dirigido las acciones para mejorar las competencias profesionales del estudiantado. El aumento en las solicitudes de movilidad ha promovido la internacionalización y ha favorecido los intercambios de alumnado con otros países. Pero las acciones de evaluación y progreso del grupo ARA también ha sido un elemento fundamental para el seguimiento y mejora. Concretamente, si se realiza una combinación de las dificultades percibidas por el alumnado y de las sugerencias de mejora propuestas, se puede vislumbrar una posible relación que requiere de un análisis en profundidad. Las dificultades que se han identificado por parte del alumnado de primeros cursos hacen referencia a la utilización de vocabulario específico de las asignaturas trabajadas y que su uso en lengua inglesa dificulta el correcto desarrollo de las sesiones. La mera traducción de los contenidos no ayuda al alumnado en el desarrollo de las clases, por lo que es necesario que se siga ofertando cursos de formación especializada para el profesorado en el que afianzar las metodologías docentes en lengua inglesa que les permitan afrontar con seguridad y eficiencia las asignaturas (Scherzinger y Brahm, 2023). Finalmente, la identificación de necesidades del alumnado, incluyendo también las valoraciones del profesorado involucrado, debe continuar siendo un objetivo relevante en la mejora del proceso de desarrollo profesional docente, para seguir proporcionándoles las herramientas y oportunidades necesarias para sobresalir aún más en su desarrollo académico y profesional.

5. REFERENCIAS

Conselleria de Educación, Universidades y Empleo (2020). Grupos de Alto Rendimiento Académico. Portal de universidades. Recuperado el 20 de diciembre de 2023. https://ceice.gva.es/es/web/universidad/grupos-de-alto-rendimiento

Pavón-Vázquez, V., Lancaster, N. y Bretones-Callejas, C. (2020). Keys issues in developing teachers' competences for CLIL in Andalusia: training, mobility and coordination. *The Language Learning Journal,* 48:1, 81-98. doi: 10.1080/09571736.2019.1642940

Sanmartín, R., Gonzálvez, C. y García-Fernández, J. M. (2022). Análisis de las diferencias en motivaciones y dificultades de estudiantes de grupos de Alto

Rendimiento Académico al elegir estudiar grados bilingües. En R. Satorre-Cuerda (Ed.), *El profesorado, eje fundamental de la transformación de la docencia universitaria* (pp. 56-64). Ediciones Octaedro.

Sanmartín, R. y Pérez-Sánchez, A. M. (2019). Evaluación de las motivaciones, beneficios y dificultades encontradas por alumnado de primer curso de Magisterio durante la asignatura Psicología del Desarrollo en inglés. En R. Roig-Vila (Ed.), *Investigación en Innovación en la Enseñanza Superior. Nuevos contextos, nuevas ideas* (pp. 399-408). Ediciones Octaedro.

Sanmartín, R. y Pérez-Sánchez, A. M. (2020). Conociendo el perfil lingüístico de alumnado de Alto Rendimiento Académico del grado de Maestro en Educación Primaria: motivaciones, dificultades y propuestas de mejora. En R. Roig-Vila (Ed.), *La docencia en la Enseñanza Superior. Nuevas aportaciones desde la investigación e innovación educativas* (pp. 435-444). Ediciones Octaedro.

Scherzinger, L. y Brahm, T. (2023). A systematic review of bilingual education teachers' competences. *Educational Research Review 39*, pages 100531. doi: 10.1016/j.edurev.2023.100531

Grupo ARA e internacionalización: ¿un catalizador para las competencias lingüísticas e interculturales?

M. Tabuenca-Cuevas

INTRODUCCIÓN

Según informes de la Conferencia de Rectores de las Universidades Españolas (CRUE) (Bazo y González, 2017) y de organismos independientes como la Fundación Conocimiento y Desarrollo (CYD) (Perondi et. al, 2020), la internacionalización es uno de los grandes retos de la educación superior. Esto se refleja en los informes del Servicio Español para la Internacionalización de la Educación (SEPIE) sobre la internacionalización de universidades españolas, donde se explica que hay que fomentar la participación en acciones de movilidad por parte de toda la comunidad universitaria (alumnado, profesorado y personal de administración). Por esta razón, es uno de los objetivos establecidos en la agenda europea Estrategia Europa 2020. El Gobierno de España apostó por la internacionalización en el informe de la *Estrategia para la Internacionalización de las Universidades Españolas* (Ministerio de Educación, Cultura y Deporte, 2015).

La globalización ha producido grandes cambios en el mercado laboral que requieren cambios en cómo se plantea la formación de los universitarios españoles en todas las Instituciones de Educación Superior (IES). Los retos para los egresados son cada vez mayores dado que "para la globalización del empleo y la internacionalización de los nuevos puestos de trabajo, se considerará de forma especial la adquisición de conocimientos, habilidades y competencias de internacionalización" (Ministerio de Educación, Cultura y Deporte, 2015, p.12). Esto está en consonancia con

Nazeer-Ikeda (2020), que explica en su libro cómo la globalización ha alterado la economía del conocimiento y ha dado paso al Cuarto Movimiento Industrial; por lo tanto, se necesitan nuevas habilidades en una economía de este tipo, incluidos los docentes.

En las encuestas a las IES (European Comission, 2013; 2018) se pidió información sobre los tres objetivos principales que se pretende alcanzar mediante la participación de las IES en la movilidad internacional de estudiantes. El objetivo más citado en el caso de la movilidad del alumnado es posibilitar que este adquiera competencias que de otro modo sería poco probable que adquiriera; en otras palabras, que adquieran un valor añadido a la formación de los egresados. Se presenta a continuación (Tabla 1) un resumen breve (adaptado de Jones 2013, p.7) de las habilidades transferibles clave para la empleabilidad vinculadas a la experiencia internacional

Tabla 1. Habilidades transferibles y resultados de aprendizaje de estancias internacionales

	Requisitos de un empleador en cuanto a habilidades clave	Habilidades clave desarrolladas a través de prácticas internacionales, estudios y voluntariado.
Habilidades de autosuficiencia/ autoeficacia	Autoconciencia Iniciativa y espíritu emprendedor Voluntad de aprender habilidades Planificación y organización Integridad Compromiso/motivación Resolución de problemas Autogestión	Autoconciencia, autoconfianza, sentido de identidad e independencia personal. (Black y Duhon, 2006; Hadis, 2005; NUS, 2012; British Academy, 2012) Estar informado, mayor interés en asuntos globales y perspectivas interculturales. (Crossman y Clarke, 2010; Jones, 2010; Rowan-Kenyon y Niehaus, 2011) Habilidades organizativas, gestión de proyectos, toma de decisiones, creatividad y asunción de responsabilidades. (Crossman y Clarke, 2010; Jones, 2010; 2012; NUS, 2012)

		Visión, independencia, experiencia, perspectiva más amplia y actitud. (NUS 2012)
		Flexibilidad Resolución de problemas, estrategias de afrontamiento y toma de riesgos. (Jones, 2010 and 2012)
		Paciencia, flexibilidad, adaptabilidad, apertura mental y humanidad. (Williams, 2005; Black and Duhon, 2006; Crossman y Clarke, 2010; Jones, 2012)
Habilidades interpersonales	Trabajo en equipo Habilidades de comunicación Idioma extranjero Networking Liderazgo Atención al cliente Habilidades interpersonales Habilidades interculturales	Trabajo en equipo y habilidades de liderazgo de equipos. (Jones, 2010, 2012; NUS, 2012)
		Fluidez, precisión y adecuación de la competencia lingüística (British Academy 2012)
		Habilidades de mediación, resolución de conflictos, sensibilidad, humildad y respeto. (Jones, 2012)
		Creación de relaciones y networks (Crossman y Clarke, 2010)
		Desafío a los estereotipos personales y al relativismo cultural (Sutton y Rubin, 2004; Jones, 2010)
		Mejorar la comunicación intercultural y hacer negocios de manera intercultural (Hadis, 2005; Crossman y Clarke, 2010; Jones, 2010, 2012; Gu, 2012)
		Empatía cultural (Williams, 2005; Black y Duhon, 2006; Crossman y Clarke 2010; Jones, 2010)

		Observación sin prejuicios, respeto por los valores locales sin abandonar los propios. (British Academy, 2012) Comprensión cultural, formas de pensar y adaptación a entornos culturales complejos (Crossman y Clarke, 2010; British Academy, 2012)

El segundo objetivo más frecuentemente mencionado es la creación o mejora de vínculos que permitan crear una red o un *network* con socios internacionales (61% de las IES) y por consecuencia se produce la necesidad de hablar varios idiomas, entre ellos inglés. Los trabajos de Zhang (2024), y Abermann y Tabuenca-Cuevas (2016) exploran el profundo impacto del desarrollo del idioma inglés en la educación internacional, con especial énfasis en sus roles en la cultura, el desarrollo del talento, el intercambio intercultural y las iniciativas de colaboración.

Finalmente, casi la mitad de los encuestados (47%) informó de que uno de los tres objetivos principales de la matriculación en sus instituciones se relaciona directamente con una fuerte demanda de movilidad internacional, que consiste en la posibilidad de realizar prácticas internacionales o de pasar un mínimo de un semestre de intercambio académico durante el grado, lo que incrementa el atractivo de sus programas de estudio. Por ende, las instituciones de educación superior están realizando cambios en el planteamiento de la formación para formar egresados con una perspectiva global, habilidades interculturales culturales que puedan también contribuir al desarrollo económico y social de su entorno.

PLAN DE INTERNACIONALIZACIÓN EN LA FACULTAD DE EDUCACIÓN

Hace más de dos décadas, diferentes estudios hicieron evidente que uno de los roles de los IES es formar a profesorado que piensa globalmente, tiene experiencia internacional, demuestra competencia en idiomas extranjeros y es capaz de incorporar una dimensión global a su enseñanza (Heyl y McCarthy, 2003). Para este fin, estancias académicas y prácticas en el extranjero son clave. Además de estar expuestos a diferentes filosofías educativas y nuevas técnicas pedagógicas, los estudiantes de magisterio en el extranjero adquieren una cantidad significativa de autoconocimiento, desarrollan confianza personal, competencia profesional y una mayor comprensión de la diversidad tanto global como nacional (Mahon, 2010). Por tanto, el alumnado de Educación se beneficia de su experiencia de movilidad en términos de desarrollo de habilidades profesionales esenciales y apoyo a su capacidad para enseñar en aulas cultural y lingüísticamente diversas (Tran, Le y Henderson, 2021).

En el caso de la Universidad de Alicante, y más específicamente en la Facultad de Educación, se diseñó una estrategia de internacionalización en dos fases de seis años cada una: 2018-2023 y 2024-2029. La primera fase se sostenía en tres acciones: proporcionar prácticas en centros educativos fuera de España, fomentar acciones de movilidad académicas en otras universidades tanto en Europa como fuera de Europa y finalmente, acoger a profesorado internacional para cortas estancias dentro del programa Erasmus+.

Primera Fase 2018-2023

La primera acción que se realizó radicó en activar el programa de prácticas curriculares de los Grados de Maestro en Educación Primaria e Infantil en los centros extranjeros de titularidad del estado español[2]. Hay 7 países

---

2.   Véase el listado completo de centros públicos de titularidad de estado español en: https://www.educacion.gob.es/centros/buscarCentros?codaut=60&nombreaut=EXTRANJERO&codprov=00&tipocentro=6101

con un total de 18 centros públicos donde se imparten enseñanzas regladas del sistema educativo español de nivel no universitario, dirigidas tanto a españoles como a extranjeros, y adecuándolas a las necesidades específicas del alumnado y a las exigencias del entorno sociocultural. Se reactivaron cuatro convenios, que ya no estaban en vigor, con los siguientes centros:

Tabla 1. Centros de titularidad del estado español

Ciudad y País	Nombre
Francia, Paris	Colegio Español Federico García Lorca
Reino Unido, Londres	Liceo Español Cervantes
Italia, Roma	Instituto Español Vicente Cañada Blanch
Portugal, Lisboa	Giner de los Ríos

Se estableció la primera convocatoria, que se denominó 'Prácticas curriculares en el Extranjero' en mayo de 2017-2018[3] y se ofrecieron un máximo de 20 plazas. Seguimos la línea de Koh et al. (2022), que explica que estas experiencias deben trabajar ciertos atributos, disposiciones y habilidades docentes para formar docentes que no sólo sean competentes en la enseñanza de sus áreas temáticas, sino que también se conviertan en docentes inclusivos y conscientes de la interculturalidad.

Como hay dos periodos de prácticas en cuarto curso (el segundo y el tercer periodo), se decidió que estos dos periodos, que comprenden cuatro meses, serían los más adecuados para realizar una acción de movilidad. El alumnado siempre tiene dos tutores, uno en el IES y otro en el centro educativo que realizan un seguimiento y plan de formación detallado. Según Mo et al. (2021) las cualidades de la experiencia en el extranjero son importantes y abogamos por que los estudios en el extranjero están

3.   Véase todas las convocatorias desde mayo 2017 hasta septiembre 2025 en: https://educacio.ua.es/es/secretaria/practicas/practicas-curriculares-en-el-extranjero-grado-maestro-infantil-y-primaria.html

estructurados por el objetivo del aprendizaje transformador y que los docentes participen en una comunidad de aprendizaje profesional.

Tabla 2. Historial de participación en el programa 'Prácticas en el extranjero'.

Curso	Ciudades (de los centros participantes)	# alumnos del Grado de Infantil	# de alumnos del Grado de Primaria
2017-18	Londres y Roma	2	7
2018-19	Londres, París, Roma y Lisboa	7	8
2019-20	París, Roma y Lisboa	2	4
2020-21[4]	Lisboa y Roma	0	0
2021-22	Lisboa y Roma	6	15
2022-23	Lisboa y Roma	6	3
2023-24	Lisboa y Roma	8	7
2024-25	Lisboa y Roma	3	8

Un total de 34 alumnos del Grado en Infantil y 54 del Grado en Primaria han participado en este programa. Se ha reducido el número de los centros a solo dos: Roma y Lisboa por razones ajenas a las académicas, por ejemplo, por dificultades de alojamiento. Según Eurostat (2024), los alquileres aumentaron más de un 20 % entre 2012 y 2024 y la disponibilidad de alquileres para alumnos en acciones de movilidad frente al turismo está creando problemas en muchas ciudades europeas. Es necesario destacar la notable diferencia entre la participación de los alumnos del Grado en Infantil y Primaria. Esto se debe al alumnado ARA, que tiene una fuerte motivación para participar en acciones de movilidad y hasta

4.   Se suspendió el programa de prácticas en el extranjero por la pandemia mundial del COVID-19.

un 20% del alumnado ARA realiza tanto las prácticas en el extranjero como una estancia académica durante el grado.

La segunda acción consiste en el incremento de convenios entre la Facultad de Educación y otras Facultades de Educación en las IES europeas y no-europeas (Véase Anexo 1). Se tomó en consideración el hecho de que, en el grado de Primaria, se ofrezcan 18 asignaturas en inglés para el grupo ARA distribuidas entre el 1º y el 2º semestre. Por tanto, esta acción se limitó a IES en Europa y otros destinos internacionales (no castellanohablantes) que ofrecen asignaturas o programas semestrales en inglés. Esto permite tanto al alumnado de la UA como alumnado de otras universidades en Europa cursar asignaturas utilizando el inglés como *lingua franca*, por tanto, sorteando el impedimento lingüístico de no tener suficiente nivel de lengua castellana.

Tabla 3. Lista de asignaturas ofrecidas en inglés por curso

Primer curso	*Segundo curso*
17511–Gestión e innovación en contextos educativos	17520–Dificultades del aprendizaje y trastornos del desarrollo
17515–Psicología de la Educación	17522–Enseñanza y aprendizaje de las Ciencias Experimentales I
17517–Cambios sociales, culturales y educación	17528–Didáctica de las matemáticas: sentido geométrico
17518–Didáctica de la Matemática: Sentido Numérico	17521–Atención a las necesidades educativas específicas
17519–Didáctica de la Lengua Inglesa	17523–Didáctica de las Ciencias Sociales: Geografía
Tercer curso	*Optativas*
17532–Enseñanza y aprendizaje de las Ciencias Experimentales II	17553–Inglés: lecto-escritura y metodología de la enseñanza basada en el texto para primaria
17533–Didáctica de las Ciencias Sociales: Geografía	17801–Integración de las habilidades comunicativas

17534–Enseñanza y aprendizaje de las matemáticas en Educación Primaria	17810–Contenido y lenguaje integrado de aprendizaje (CLIL)
Cuarto curso	17811–Usuario independiente de inglés
17540–Didáctica de la expresión plástica	

El programa Erasmus+ es el más conocido en las IES para acciones de movilidad del alumnado. La importancia que tiene este programa en el mundo académico europeo es evidente permitiendo al alumnado cursar asignaturas en su área de especialidad y otras que a veces no se imparten en el país de origen ampliando las perspectivas académicas. Además de fomentar el aprendizaje, también fomenta un aprendizaje *in situ* sobre la cultura y las costumbres del país anfitrión.

Tabla 4. Historial de participación en el programa Erasmus+
K103 y K107 por curso.

Curso	Nº de centros europeos (K103)	Nº de centros no europeos (K107)	Nº alumnos del Grado de Infantil	Nº de alumnos del Grado de Primaria
2017-18	5	2	0	10
2018-19	9	2	5	10
2019-20	10	2	4	14
2020-21	8	0	1	10
2021-22	18	5	5	34
2022-23	13	9	5	33
2023-24	19	3	6	36

La participación en esta acción de movilidad se ha ido incrementando por varias razones directamente ligadas al grupo ARA; el alumnado de los grupos ARA tiene preferencia para participar en acciones de movilidad en las convocatorias anuales. Asimismo, la docencia en inglés no es ni un reto ni un obstáculo para este alumnado; como resultado se puede ver que la participación del alumnado ARA ha cuadruplicado los participantes de acciones de movilidad. En cifras, entre el 70 % y el 80% del alumnado realiza una acción de movilidad internacional y como resultado, existe un salto notable en el número de movilidades tanto europeas como no europeas a partir del curso 2021-22. Como curiosidad, ese año en movilidades no europeas, el 100% del alumnado pertenecía al primer grupo ARA de la Facultad de Educación exclusivamente.

El último paso fue invitar a profesorado visitante bajo el programa de Erasmus+ Teaching Staff. La actividad de movilidad debe estar relacionada con el desarrollo profesional del personal y abordar sus necesidades de aprendizaje y desarrollo personal (Academic Cooperation Association, 2023), por tanto, el programa consiste en recibir visitantes de otra IES y realizar 8 horas de clase y reuniones para crear vínculos entre instituciones y redes para futuras colaboraciones. Son actividades de movilidad de alta calidad y con el máximo impacto dado que se comparten metodologías, conocimiento y contactos para seguir con futuros proyectos de colaboración. Desde el curso 2018-19, se ha incrementado cuatro veces el número de profesorado que viene, que además suele dar sus clases en el grupo ARA. Esto también sirve de aliciente para el alumnado para preguntar sobre las universidades y las posibilidades de intercambio.

Segunda Fase 2024-2029

La segunda fase se apoya en tres acciones: aumentar las prácticas en centros educativos fuera de España tanto curriculares como no curriculares, fomentar más acciones de movilidad académicas en otras universidades tanto en Europa como fuera de Europa para el estudiantado, y finalmente apoyar al profesorado de la Facultad para realizar cortas estancias dentro del programa Erasmus+.

El primer paso consiste en aumentar las prácticas extracurriculares en el extranjero. Durante los últimos cinco años se han podido firmar convenios con centros educativos en varios países de Europa para este tipo de prácticas que se pueden realizar hasta 12 meses después de finalizar el grado. A continuación, se presenta una de las plazas disponibles:

Centro de Educación Primaria y Secundaria en Praga (República Checa)

Requisitos:	Tareas:
Maestro Educación Primaria, Grado en Español Lengua y Literatura española	Planificar, preparar y presentar las clases (enseñanza en tándem).
Máster en español e inglés L2/LE.	Organizar el aula y los recursos de aprendizaje.
Idiomas: Español (lengua materna) e Inglés B2 (mínimo).	Motivar a los alumnos y mantener la disciplina.
Microsoft Office, E-mail communication, Social Media.	Preparar y calificar trabajos, exámenes, etc.
	Organizar y participar eventos, excursiones y actividades escolares

Estas experiencias Erasmus son vitales dado que los estudiantes que han participado en Erasmus tienen la mitad de las posibilidades de sufrir desempleo de larga duración que aquellos que no han estudiado o realizado formación en el extranjero y, cinco años después de graduarse, su tasa de desempleo es un 23% inferior. El informe además revela que más de uno de cada tres estudiantes Erasmus consigue un puesto en la empresa en la que realizan sus prácticas (European Comission, 2018).

El segundo paso consiste en aumentar la participación del alumnado, pero uno de los retos radica en cómo fomentar más acciones de movilidad. Tarc y Budrow (2022) se plantean dos preguntas clave en su investigación: ¿cómo pueden los formadores de docentes 'cosmopolitizar' el aprendizaje de los futuros docentes para que estén mejor preparados para afrontar de forma productiva los desafíos de la enseñanza culturalmente inclusiva en estos tiempos complejos e inciertos? y ¿qué tipo de marco teórico es capaz de orientar la internacionalización de los planes de estudio de la formación docente? Una de las propuestas consiste en las movilidades cortas o Blended Intensive Programs (BIPs). Son programas cortos e intensivos que utilizan formas innovadoras de aprendizaje y enseñanza, incluido el uso de la cooperación en línea. El programa intensivo debe tener un valor añadido en comparación con los cursos o formaciones existentes que ofrecen las instituciones de educación superior participantes y puede ser plurianual. Al permitir formatos de movilidad nuevos y más flexibles que combinan la movilidad física con una parte virtual, los programas intensivos combinados tienen como objetivo llegar a todo tipo de estudiantes de todos los orígenes, campos de estudio y ciclos (European Comission, 2025, p 48). Asimismo, cada BIP tiene un mínimo de 3 ECTS aportando contenidos nuevos al expediente del alumnado. En la Facultad de Educación se participó el siguiente programa: "Bridging Borders: exploring intercultural differences in language and cultural norms"[5] para abordar la necesidad de una formación específica en competencia intercultural en relación con sus creencias y actitudes y los aspectos culturales de la lengua que se realizó durante entre el mes de marzo y abril 2024 en colaboración con University of Primorska, Sofia University St. Kliment Ohridski, y Vytautas Magnus University. Un resumen del programa se presenta a continuación.

Tabla 5. Resumen programa BIP

El programa profundizó en diversos aspectos del lenguaje y la cultura, entre ellos:	La parte online consistió en seis días de conferencias en línea distribuidas en tres semanas.
· El panorama lingüístico · Elementos culturales específicos en la gastronomía	Durante la semana presencial, los estudiantes realizaron investigaciones individuales sobre los temas en sus

5. Véase la convocatoria en: https://www.boua.ua.es/Acuerdos/DescargarAcuerdo/47922

· Idiomas utilizados en la cultura popular · Cortesía y etiqueta en el lenguaje · Idiomas en Educación · Idiomas utilizados en las redes sociales entre otros temas.	respectivas culturas, seguidas de trabajo en grupo para comparar los hallazgos en las tres culturas. La culminación del proyecto fue una conferencia conjunta de estudiantes donde los grupos presentaron sus hallazgos comparativos. Esta conferencia sirvió como evaluación formal de la finalización del BIP.

Cursos específicos como este son un paso necesario para ayudar a los futuros profesores de lenguas a utilizar los elementos curriculares como instrumento de conocimiento de otras culturas, conciencia cultural y formas alternativas de ser y de hacer para que sus alumnos no sólo aprendan inglés, sino que también empiecen a cuestionar sus propias mentalidades culturales a través del aprendizaje de la lengua.

Finalmente, el último paso consiste en apoyar al profesorado de la Facultad a realizar Erasmus+ Teaching Staff intercambios. Diferentes estudios confirman y aclaran aún más el impacto positivo de la movilidad saliente del personal en la creación de redes, la carrera académica, las habilidades profesionales y la motivación laboral (Academic Cooperation Association, 2023). En este estudio se ha visto que académicos que participaron informaron haber ampliado sus redes y adquirido nuevos contactos profesionales gracias a su experiencia de movilidad Erasmus+, lo que resultó ser especialmente importante para los académicos en su etapa inicial. Al mismo tiempo, la movilidad del personal sirvió, en algunos casos, como una herramienta eficaz para profundizar las redes existentes y construir relaciones más confiables, allanando el camino a proyectos o iniciativas más grandes. Varios académicos utilizaron sistemáticamente la movilidad del personal Erasmus+ para interactuar con la comunidad de expertos existente o para establecer una nueva.

Como conclusión, en la Facultad de Educación, los grupos ARA han repercutido en gran medida en la internacionalización del centro. En un principio, el énfasis recayó sobre todo en trabajar los conocimientos lingüísticos, sin embargo, otras destrezas se han hecho indispensables como el desarrollo de competencias interculturales que ayudan en otras medidas como Erasmus+ Teaching Staff o la organización de BIPs.

BIBLIOGRAFÍA

Abermann, G., & Tabuenca-Cuevas, M. (2016). *Education for Workplace Diversity: What universities and entrprises can do to facilitate intercultural learning in work placements abroad.* Common Ground Publishing.

Academic Cooperation Association (ACA) (2023). Driving Impact of Erasmus+ Outgoing Academic Staff Mobility: Current Landscape and Pathways for the Future. Recuperado de: https://aca-secretariat.be/wp-content/uploads/2024/01/ACA-Report-final.1-1.pdf

Bazo Martínez, P. & González Álavarez, D. (2017). Documento marco de política lingüística para la internacionalización del sistema universitario español. Recuperado de: http://www.crue.org/Documentos%20compartidos/Sectoriales/Internacionalizac%C3B3n%20y%20Coorperaci%C3%B3n/Marco_Final_Documento%20de%20Politica%20Linguistica%20 reducido.pdf

ESU, ESN (2023). International student housing: How are exchange students in Europe navigating the housing crisis? Recuperado de: https://esu-online.org/wp-content/uploads/2023/08/international_student_housing_report.pdf

European Commission: Directorate-General for Education, Youth, Sport and Culture, Erasmus+ (2013). What's in it for higher education? – An introduction for students, teachers and staff in higher education – Changing lives, opening minds. Recuperado de: https://data.europa.eu/doi/10.2766/63892

European Commission: Directorate-General for Education, Youth, Sport and Culture, Erasmus+ higher education impact study – Final report. (2018). Recuperado de: https://data.europa.eu/doi/10.2766/162060

European Commission (2025). Erasmus+ Program Guide. Recuperado de: https://erasmus-plus.ec.europa.eu/sites/default/files/2025-01/erasmus-programme-guide-v2.2025_en.pdf

Eurostat (2024). Housing price statistics–house price index. Recuperado de: https://ec.europa.eu/eurostat/statistics-explained/index.php?title=Housing_price_statistics_-_house_price_index#Annual_and_quarterly_growth_rates

Heyl, J. D., & McCarthy, J. (2003, January). International education and teacher preparation in the U.S. Paper presented at the national conference on Global Challenges and U. S. Higher Education: National Needs and Policy Implications. Duke University.

Jones, E. (2013). Internationalization and employability: the role of intercultural experiences in the development of transferable skills. Public Money and Management, 33 (March)(2), 95–104.

Jones, E. (2016). Mobility, graduate employability and local internationalisation. En E. Jones, R. Coelen, J. Beelen, y H. d. Wit (Eds.), *Transgressions. Global and Local Internationalization* (pp. 107–116). Sense Publishers.

Koh, A., Pashby, K., Tarc, P., & Yemini, M. (2022). Editorial: Internationalisation in teacher education: discourses, policies, practices. *Teachers and Teaching, 1–14.* https://doi.org/10.1080/13540602.2022.2119381

Mahon, J. (2010). Fact or fiction? Analyzing institutional barriers and individual responsibility to advance the internationalization of teacher education. Teaching Education, 21(1), 7–18. https://doi.org/10.1080/10476210903466893

Ministerio de Educación, Cultura y Deporte (2015). Estrategia de Internacionalización de las Universidades españolas 2015- 2020. Recuperado de: https://sede.educacion.gob.es/publiventa/estrategia-para-la-internacionalizacion-de-las-universidades-espanolas-2015-2020/universidad/21475

Mo, Y., Appel, M., Kim, J. W., & Lee, M. (2021). Pre-service teachers' international study experiences or in-service teachers' professional learning communities: what comes into play in Finnish teachers' self-efficacy in multicultural classrooms? *Teachers and Teaching, 27(7),* 602–624. https://doi.org/10.1080/13540602.2021.1983535

Nazeer-Ikeda, R. Z. (2020). Internationalization of teacher education and the national state. Routledge.

Tarc, P., & Budrow, J. (2022). Seeking the cosmopolitan teacher: internationalising curricula in a Canadian preservice teacher education program. *Teachers and Teaching, 1–18.* https://doi.org/10.1080/13540602.2022.2062744

Tran, L. T., Le, T. T. T., & Henderson, F. (2021). Rite of passage into the teaching profession? Australian pre-service teachers' professional learning in the Indo-Pacific through the New Colombo Plan. *Teachers and Teaching, 27*(6), 542–557. https://doi.org/10.1080/13540602.2021.1977272

Zhang,H. (2024). The Impact of English Language Development on Internationalization of Education. *Lecture Notes in Education Psychology and Public Media,34,* 243-249.

ANEXO 1 PAÍSES DESTINO PARA REALIZAR ACCIONES DE MOVILIDAD ERASMUS+ 103 Y 107

Países Europeos	Países No-Europeos
Alemania	Argentina
Austria	Australia
Bélgica	Azerbaiyán
Dinamarca	Bolivia
Finlandia	Brasil
Francia	Canadá
Holanda (Países Bajos)	Colombia
Irlanda (Eire)	Costa Rica
Italia	Cuba
Lituania	República Dominicana
Noruega	Ecuador
Polonia	Argelia
Portugal	Georgia
Reino Unido	Hong Kong
Republica Checa	Japón
	Jordania
	Corea del Sur
	Kenia
	Kazajistán

	México
	Marruecos
	Malasia
	Panamá
	Perú

3ª Parte:
Casos prácticos e investigación sobre el grupo ARA en asignaturas específicas del Grado

La enseñanza problematizada de las ciencias con los grupos ARA en la formación de maestros:

Un ejemplo de integración de aprendizaje de conocimientos científicos en lengua inglesa y su efectividad en los resultados de aprendizaje

A. Menargues, R. Limiñana, A. Rey, C. Nicolás Castellano y S. Rosa Cintas.

1. ANTECEDENTES Y JUSTIFICACIÓN DEL OBJETIVO DE ESTE TRABAJO.

El *English as a Medium Instruction* (EMI) se define como un sistema educativo en el que los contenidos se enseñan en inglés en contextos donde este no es el idioma primario, oficial o más utilizado (Rose y McKinley, 2018). El desarrollo del EMI en España ha seguido los pasos de otras instituciones europeas que han integrado programas bilingües en sus currículos, experimentando una notable expansión en las instituciones de Educación Superior desde el año 2007, cuando las universidades comenzaron a adaptar su oferta académica para alinearse con el Espacio Europeo de Educación Superior (Fortanet, 2013).

En lo que respecta a la Comunidad Valenciana, la Conselleria de Educación, Formación y Empleo ha impulsado la implementación de los *Grupos de Alto Rendimiento Académico* (ARA) en sus universidades públicas, siendo el objetivo principal el proporcionar una educación de alta calidad con una fuerte orientación internacional a través de la enseñanza en inglés (Sanmartín, 2021), de manera que el estudiantado de estos grupos no solo mejore desarrollo de habilidades lingüísticas y académicas que mejoran su perfil profesional, sino que reciban beneficios adicionales, como una mención especial en su título y facilidades para obtener becas y participar en programas internacionales (Conselleria d'Innovació, Universitats, Ciència i Societat Digital, 2019). Los grupos ARA se iniciaron en el curso académico 2019/2020 cuando se implementaron en el Grado en Maestro en Educación Primaria de la Universidad de Alicante.

Este grado tiene como objetivo fundamental formar docentes comprometidos con su profesión, que se puedan desenvolver en diferentes contextos geográficos y culturales, con capacidad de adaptación a los cambios sociales, culturales, científicos, tecnológicos y educativos, que tengan dominio de los contenidos que han de impartir y que posean la capacidad de reflexión sobre su práctica docente.

Para ello, el alumnado de este grado recibe una formación integrada sobre diferentes materias que van desde el área de la psicología a las didácticas generales y específicas, a la vez que complementan su formación con las prácticas en las escuelas, con la posibilidad de cursar una mención en inglés, educación física, música o educación especial/pedagogía terapéutica. En el caso de los grupos ARA de este grado, reciben, al menos, el 50% la formación en lengua inglesa en grupos reducidos de estudiantes.

El crecimiento de los grupos ARA en la Educación Superior que ha habido en los últimos años sigue el camino iniciado en la educación primaria y secundaria, donde el Aprendizaje Integrado de Contenidos y Lenguas Extranjeras (AICLE) ha mostrado resultados prometedores en cuanto a las ventajas lingüísticas, interculturales y cognitivas que ofrece a los estudiantes (Lasagabaster y Doiz, 2016). Pero, a pesar de los avances logrados en los últimos años, la enseñanza y el aprendizaje integrado de contenidos en inglés aún se enfrenta a varios desafíos. El primer reto es asegurar la calidad de los programas impartidos en inglés y garantizar que tanto el profesorado como el alumnado cuente con las competencias lingüísticas necesarias para participar de manera efectiva en estos entornos bilingües (Erling e Hilgendorf, 2006). El segundo desafío está relacionado especialmente con su repercusión en los resultados académicos ya que, algunos críticos consideran que los cursos impartidos en inglés podrían estar obstaculizando el aprendizaje de contenidos por parte de los estudiantes (Sanahuja, 2017). El tercer obstáculo que se ha de abordar guarda relación con las características propias del alumnado que accede al Grado en Maestro en Educación Primaria en relación con las actitudes que presentan hacia la enseñanza y el aprendizaje de las ciencias, ya que, los maestros en formación, como resultado de su trayectoria académica previa, suelen tener actitudes negativas esta materia al comienzo de su formación universitaria, además de un bajo conocimiento de contenido en temas científicos (Martínez-Torregrosa et al., 2018).

La educación científica es fundamental en la formación del profesorado y del alumnado en las escuelas, ya que constituye uno de los pilares del pensamiento humano y ofrece un marco adecuado para el desarrollo del lenguaje, la lógica y las habilidades de resolución de problemas (National Research Council [NRC], 2000). Es importante, además, tener en cuenta cuál es la metodología docente a emplear para lograr un aprendizaje real de los conocimientos científicos. En este sentido se ha visto que existe un amplio consenso en que, en todos los niveles educativos, se debe enseñar ciencia de manera análoga a la forma en que se hace ciencia, es decir, siguiendo un proceso de (re) construcción de conocimientos científicos en un ambiente de investigación, adecuado para cada nivel escolar (NRC, 1996, 2000, 2012, 2015; Rocard et al., 2007). Esto supone que las clases para formar a los futuros maestros en estrategias de enseñanza y aprendizaje de las ciencias deben organizarse de una manera que les permita tener oportunidades de utilizar las prácticas científicas, enfrentándose a problemas de interés, expresando y sometiendo a prueba distintas ideas y analizando y comparando la validez de modelos en un ambiente en el que "equipos de investigadores noveles" (el alumnado), dirigidos por un "investigador experto" (el profesor), abordan, de una manera abierta, problemas científicos de interés (Gil-Pérez y Carrascosa, 1994).

Por estos motivos es importante tener en cuenta que, cuando se tienen que enseñar asignaturas de ciencias en una lengua extranjera, se tiene que prestar una especial atención al lenguaje relacionado con las actividades propias del trabajo científico, como lo son el planteamiento de problemas, la formulación de hipótesis, el desarrollo de un diseño experimental, la recogida de resultados y el análisis de los mismos, así como la elaboración de conclusiones y la puesta en común y difusión éstas. De este modo se potencia el uso del lenguaje propio de la ciencia en un idioma extranjero, así como el desarrollo competencias científicas (Sanmartí, 2002).

El objetivo del presente trabajo ha sido analizar los resultados de aprendizaje del alumnado de la asignatura *Enseñanza y Aprendizaje de las Ciencias Experimentales I* (EACEX I) de los grupos ARA en relación con el resto de grupos del turno de mañana de habla no inglesa, tras estos cuatro primeros años desde la implantación de los grupos ARA en el Grado en Maestro en Educación Primaria de la Universidad de Alicante.

2. PLANTEAMIENTO DEL PROBLEMA E HIPÓTESIS DE TRABAJO.

La pregunta de interés queremos abordar en este trabajo es la siguiente:

¿Puede influir de manera negativa en los resultados de aprendizaje del alumnado de los grupos ARA el uso de la lengua inglesa para la enseñanza de los contenidos de la asignatura *Enseñanza y Aprendizaje de las Ciencias Experimentales I* en comparación con el resto de grupos de esta asignatura?

Nuestra hipótesis es que creemos que el conocimiento y destrezas adquiridas por el alumnado de los grupos de alto rendimiento académico no se verán afectados de manera negativa por el empleo de una lengua extranjera a la hora de impartir contenidos de ciencias, en comparación con los resultados de aprendizaje del resto de grupos de habla no inglesa.

3. DESCRIPCIÓN DEL CONTEXTO Y DISEÑO EXPERIMENTAL.

Antes de presentar el diseño experimental de este trabajo, se va a exponer, a continuación, el perfil del alumnado y del profesorado de la asignatura, así como el contexto de la misma y la composición y características de los grupos participantes en este estudio.

3.1. Perfil del alumnado y profesorado de la asignatura.

La mayor parte del estudiantado que accede al Grado en Maestro en Educación Primaria en la Universidad de Alicante, independientemente de si se matricula en el grupo ARA o en cualquier otro grupo, lo hace con una formación previa en humanidades -el 80%- y presentan actitudes negativas hacia la enseñanza y el aprendizaje de las ciencias, así como una falta de confianza para llevarla a cabo en las escuelas (Martínez-Torregrosa et al., 2018), debido a su limitada formación en conocimientos científicos (Rocard et al., 2007).

En lo que se refiere al nivel lingüístico de inglés del alumnado que se matricula en los grupos ARA, la mayoría presenta un nivel B2 acreditado antes de comenzar el curso. El profesorado de la asignatura EACEX I del grupo ARA, presenta un nivel de inglés acreditado C2.

3.2. Contexto de la asignatura y metodología de enseñanza/ aprendizaje.

La asignatura EACEX I se imparte durante el primer semestre del segundo curso del grado y se compone de 6 créditos ECTS y 10 grupos divididos en dos franjas horarias (de mañana y de tarde). Dado el tiempo limitado disponible para la formación científica y su enseñanza en el grado, se ha priorizado la profundidad de los contenidos sobre la amplitud de los mismos. En este sentido, la metodología empleada es la de enseñanza problematizada (enseñanza por investigación guiada) citada anteriormente, que fue descrita por Gil-Pérez y Carrascosa (1994) y validada por numerosas publicaciones (Martínez-Torregrosa et al., 2018; Menargues, et al., 2013; Osuna et al., 2012), y que es coherente con los hallazgos de la investigación didáctica actual al tiempo que prepara para la adopción de un modelo de enseñanza por indagación para la etapa primaria.

En la primera parte de la asignatura, a la que se destinan 20 horas, se desarrollan los dos primeros temas: (1) "¿Qué vamos a estudiar y por qué?" y (2) "¿Cómo se generan los conocimientos científicos?". Esta sección sirve como introducción a la enseñanza mediante investigación guiada, con el objetivo de evidenciar las limitaciones del enfoque tradicional. Durante esta fase, se presta atención a las actitudes iniciales de los estudiantes y sus posibles causas, así como a las ideas espontáneas que tienen sobre diferentes conceptos científicos. Además, se analiza si la metodología de enseñanza/aprendizaje que el alumnado ha vivido durante su formación previa ha contribuido a que dichas ideas persistan. A partir de estas reflexiones, se propone un enfoque alternativo para la enseñanza/aprendizaje de las ciencias, el cual ha demostrado ser más eficaz y motivador (Colomer, 2017).

La segunda parte de la asignatura se compone de 40 horas en las que se abordan los dos últimos temas: (3) "¿Existen ciclos y simetrías en los movimientos del Sol que nos permitan organizar el tiempo y el espacio?" y (4) "¿Cómo deben moverse la Tierra y/o el Sol para explicar esos movimientos?".

Este segundo bloque está planteado como un problema de investigación, que hemos dividido en dos cuestiones más específicas, tal y como se recoge en Martínez-Torregrosa et al. (2018):

- El primer problema, de carácter más empírico, se centra en los ciclos y las simetrías observables en el movimiento del Sol desde un lugar fijo en la Tierra: "¿Existen patrones regulares en el movimiento del Sol? ¿Es posible organizar el tiempo y el espacio en función de ellos?". En este apartado, se analizan los cambios a lo largo del año en tres variables que describen el movimiento aparente del Sol desde la Tierra: la duración del día, el azimut de la salida y puesta del Sol, y la altura angular máxima del Sol (culminación).

- El segundo problema, de enfoque más deductivo, busca explicar los datos empíricos observados en el primer problema, desarrollando un modelo Sol-Tierra que permita comprender los ciclos y simetrías observados: "¿Cómo se mueven el Sol y la Tierra para explicar los ciclos y simetrías observados?".

3.3. Composición y características de los grupos participantes en el estudio.

Para que los grupos participantes presentaran características académicas equivalentes (o lo más parecidas posibles), se eligieron los alumnos que cursan esta asignatura en los grupos que tenían las clases en la misma franja horaria que el grupo ARA (grupos del turno de mañana), ya que los alumnos eligen el grupo donde se quieren matricular en función de las calificaciones obtenidas el curso anterior y son los grupos de esta franja horaria los que primero se completan.

En este estudio han participado 20 grupos de la asignatura EACEX I, durante los cursos académicos 2020/21; 2021/22; 2022/23 y 2023/24 (cinco grupos por año), con un total de 909 alumnos, de los que el 10,85% pertenecen a los grupos ARA, y con un promedio de 25 alumnos +/- 2,58 alumnos en los grupos ARA frente a un promedio de 51,4 alumnos +/- 3,65 alumnos en los grupos de habla no inglesa. Al ser la asignatura de EACEX I una asignatura de segundo curso del grado, se ha tomado como primer curso académico en este estudio el 2020/21, ya que fue el segundo año de implantación del grupo ARA en el Grado en Maestro en Educación Primaria y fue el año académico en el que el grupo ARA de la primera promoción cursó esta asignatura por primera vez.

Sobre los profesores de los grupos de esta asignatura, fueron seis diferentes durante los cuatro cursos académicos (del 2020/21 al 2023/24) siendo la misma profesora en el grupo ARA durante los cuatro años de estudio. Todo el profesorado de los grupos que forman parte de este estudio preparó, revisó y utilizó la misma secuencia de actividades (el grupo ARA la tenía traducida al inglés), así como la misma metodología de enseñanza problematizada y el mismo sistema de evaluación.

3.4. Diseño experimental.

Para comprobar si existen diferencias significativas entre los grupos ARA y el resto de los grupos respecto a las calificaciones obtenidas en la asignatura, se comparó el porcentaje de aprobados y suspensos entre los dos grupos, así como los porcentajes de cada uno de los niveles de calificación obtenida, utilizando un test de chi cuadrado en una tabla de contingencia. También se comparó la nota media obtenida por los estudiantes de los grupos ARA con la obtenida por los estudiantes del resto de grupos, utilizando para ello una prueba ANOVA. Estos análisis se realizaron para el total de alumnos en cada tipo de grupo, eliminando al alumnado calificado como "no presentado". Para realizar los análisis estadísticos se utilizó el programa SPSS v29.0.

4. RESULTADOS Y DISCUSIÓN

El presente trabajo plantea comprobar si la lengua inglesa podría influir de manera negativa en los resultados de aprendizaje del alumnado de la asignatura *Enseñanza y Aprendizaje de las Ciencias Experimentales I* de los grupos ARA respecto al resto de grupos de habla no inglesa, ya que, por primera vez primera en esta asignatura, se emplearía esta lengua vehicular en el proceso de enseñanza/aprendizaje de los contenidos científicos.

Los resultados obtenidos indican que no existen diferencias significativas entre el porcentaje alumnos aprobados y suspensos respecto al tipo de grupo (grupos ARA: 93,3% de aprobados, resto de grupos: 90,3% de aprobados, $\chi^2_{1}=0{,}634$, p=0,4259). Estos resultados no solo apoyan la hipótesis inicial en la que se esperaba que la enseñanza de los contenidos de la asignatura EACEX I en los grupos ARA no se viese comprometida por el uso de la lengua extranjera, sino que muestran que se consigue un elevado nivel de éxito en los resultados de aprendizaje de todo el alumnado ya que se supera el 90% de aprobados en todos los grupos. Además, estos resultados coinciden con los publicados por Martínez-Torregrosa et al. (2018) en esta misma asignatura del grado, en grupos de habla no inglesa, durante el curso académico 2014/15, en el que, utilizando la misma secuencia didáctica de actividades y la misma metodología docente, se llegó a que el 90% del alumnado alcanzó los conocimientos y destrezas necesarias para superar esta misma asignatura.

Al comparar el porcentaje de suspensos, aprobados, notables y sobresalientes entre los grupos ARA, frente al resto de grupos, en este caso sí que se encontraron diferencias significativas (Tabla 1; $\chi2_3$ =34,615, p<0,001), ya que la mayor parte de los alumnos del grupo ARA obtienen una calificación de sobresaliente (seguida de notable), mientras que en el resto de los grupos la mayoría del alumnado obtiene la calificación de notable (seguida de aprobado).

Tabla 1. *Porcentajes de alumnos en cada categoría de calificación entre los grupos ARA y el resto de grupos.*

Calificación	Grupos ARA	Resto de grupos
Suspenso	6,7%	9,7%
Aprobado	17,3%	27,3%
Notable	26,9%	40,6%
Sobresaliente	49,1%	22,4%

Nota: La calificación de suspenso se corresponde con una nota que va de 0 a 4,9 puntos; la de aprobado va de 5 a 6,9 puntos; la de notable va de 7 a 8,9 puntos y la calificación de sobresaliente comprende las puntuaciones entre 9 y 10.

Además, se encontraron también diferencias significativas en la calificación media, en una escala de 0 a 10 puntos, obtenida por los alumnos del grupo ARA respecto al alumnado del resto de grupos (7,9 +/- 2,1 y 7,2 +/- 2,0 respectivamente; ANOVA F=14,551, gl=1; p<0.001).

El hecho de que sí se hayan encontrado diferencias significativas entre los grupos ARA y el resto de grupos tanto en el porcentaje de sobresalientes (siendo más del doble para los grupos ARA), como en la calificación media obtenida por el alumnado de ambos grupos comparativos (siendo 0,8 puntos mayor también en el grupo ARA en comparación con el resto de grupos), no solo viene a confirmar de nuevo nuestra hipótesis de partida sino que, podemos afirmar que el uso de la lengua inglesa en estos grupos no es ningún obstáculo para alcanzar los conocimientos, aptitudes y destrezas de esta asignatura. Al descartar la lengua extranjera como una dificultad en los resultados de aprendizaje, sería muy interesante el poder analizar a qué puede deberse el éxito en las calificaciones de los grupos ARA.

Una posible variable que podría influir de manera positiva en las calificaciones de los estudiantes de los grupos ARA podría ser que nos encontramos con grupos de alumnos más reducidos (25 alumnos de media en los grupos ARA frente a 51 en el resto de grupos). Se suele argumentar que las clases más reducidas permiten a los docentes atender mejor las necesidades individuales de cada estudiante, al mismo tiempo que disminuyen el tiempo dedicado a gestionar interrupciones, lo que contribuye tanto en el ambiente de aprendizaje para el alumnado con en las condiciones de trabajo para el profesorado (Organización para la Cooperación y el Desarrollo [OCDE], 2024). Aunque la investigación indica una asociación positiva entre una ratio más pequeña de alumnos por clase y una mayor satisfacción del profesorado, las pruebas sobre los efectos de la reducción del tamaño de las clases en el rendimiento del alumnado son escasas, además de que no existe un consenso de cuál debe ser la mejor proporción de alumnos por profesor en función de la edad de los estudiantes, salvo en las edades más tempranas, en las que sí existe un acuerdo en que, a estas edades, se necesita tener tamaños reducidos en el número de alumnos para recibir una educación de calidad (OCDE, 2024)

Otro factor que se podría considerar en la obtención del éxito en las calificaciones de los grupos ARA en comparación con el resto podría ser que el estudiantado de los grupos de enseñanza en inglés tenga unas notas más elevadas en su expediente académico. Este hecho no lo hemos podido comprobar, debido a que estos datos son confidenciales y no nos pueden ser facilitados por parte del centro. Sin embargo, sí que hemos podido acceder al número de premios extraordinarios otorgados en el curso académico 2022/23, que se corresponde con la primera promoción de estudiantes desde la implantación de los grupos ARA en el Grado en Maestro en Educación Primaria, y del curso académico 2023/24 (segunda promoción del grupo ARA), ya que estos datos son públicos. Lo que hemos observado es que, de los catorce premios extraordinarios concedidos en total en ambas convocatorias, dos de ellos han sido otorgados a dos alumnas de los grupos

ARA, lo que representa un 14,3% de los premios a repartir entre 20 grupos (10 grupos por curso académico, que son los que conforman el total de estudiantes de la asignatura de EACEX I). Aunque parezca un porcentaje no muy elevado, esta visión cambia cuando comparamos el número de alumnos matriculados durante los cursos 2020/21 y 2021/22, (que fueron los cursos académicos de las dos primeras promociones de los grupos ARA que cursaron la asignatura de EACEX I) entre los grupos ARA (n=52) y en el resto de grupos (n=765, casi 15 veces más que los alumnos ARA), es decir, que, si los premios extraordinarios se otorgasen al azar, la probabilidad de que recibiese este reconocimiento una persona de un grupo ARA sería del 0.06%, lo que sí que podría indicar que el alumnado de estos grupos de enseñanza en inglés tenga unas calificaciones más elevadas en su expediente que la media de los otros grupos. Pero esto no deja de ser una hipótesis generada por la inferencia de estos datos y habría de ser contrastada para poder tomarla como argumento sólido.

Lo que sí que podemos afirmar, a la luz de los resultados de este trabajo, es que utilizando una metodología de enseñanza problematizada, los resultados de aprendizaje de conocimientos científicos no se han visto afectado por emplear la lengua inglesa en los grupos ARA y vienen a reforzar las evidencias contrastadas que existen sobre el uso de la metodología de enseñanza problematizada no sólo para lograr un aprendizaje significativo de los contenidos, sino para mejorar las actitudes del alumnado hacia la enseñanza y el aprendizaje de las ciencias (Limiñana et al., 2019; Martínez-Torregrosa et al., 2018; Nicolás et al., 2022; Osuna et al., 2012).

5. CONCLUSIONES

El uso de la lengua inglesa, combinada con la metodología problematizada en la enseñanza de ciencias, no ha sido un obstáculo para alcanzar los objetivos de aprendizaje en los grupos ARA. Al contrario, los estudiantes han alcanzado con éxito los conocimientos, aptitudes y destrezas previstos para esta asignatura, confirmando que esta combinación de enfoques es eficaz para promover un aprendizaje profundo y satisfactorio.

6. REFERENCIAS BIBLIOGRÁFICAS

Colomer, R. 2017. *Efecto de la Enseñanza Problematizada de la Astronomía Diurna (ciclos y simetrías del movimiento del Sol y el modelo Sol-Tierra) en los conocimientos y las actitudes de los futuros maestros de primaria.* [Tesis de doctorado no publicada]. Universidad de Alicante.

Conselleria de Innovació, Universitats, Ciència i Societat Digital de la Comunitat Valenciana (2019). *Grups d'Alt Rendiment Acadèmic.* Valencia, España. http://innova.gva.es/va/web/universidad/grupos-de-alto-rendimiento

Erling, E.J. y Hilgendorf, S.K. (2006). Language policies in the context of German higher education. *Language Policy, 5* (3), 267–293.

Fortanet, I. (2013). *CLIL in higher education: Towards a multilingual language policy.* Multilingual Matters.

Gil-Pérez, D. y Carrascosa, J. (1994). Bringing pupils' learning closer to a scientific construction of knowledge: a permanent feature in innovations in science teaching. *Science Education, 78,* 301–315.

Lasagabaster, D. y Doiz, A. (2016). CLIL students' perceptions of their language learning process: Delving into self-perceived improvement and instructional preferences. *Language Awareness, 25* (1–2),110–126. https://doi.org/10.1080/09658416.2015.1122019

Limiñana, R., Menargues, A. y Rosa-Cintas, S. (2019). Organizing teaching to solve problems: the case of latitude and longitude in pre-service primary teachers' education. En M. Pietrocola (Ed.). *Upgrading Physic Education to Meet the Needs of Society* (pp. 141-151). Springer.

Martínez-Torregrosa, J., Limiñana, R., Menargues, A. y Colomer, R. (2018). In-depth teaching as oriented-research about seasons and the Sun/Earth model: effects on content knowledge attained by pre-service primary teachers. *Journal of Baltic Science Education 17* (1), 97-119.

Menargues, M., Limiñana, R., Colomer, R. y Martinez-Torregrosa, J. (2013). Efecto de la enseñanza problematizada de la astronomía diurna (ciclos y simetrías del movimiento del Sol y el modelo Sol-Tierra) en los conocimientos de los futuros maestros de primaria. En M. Cardona, E. Chiner y A. Giner (Eds.) *Investigación e innovación educativa al servicio de instituciones y comunidades globales, plurales y diversas* (pp- 1647-1656). Asociación Interuniversitaria de Investigación Pedagógica.

National Research Council. (1996). *National Science Education Standards*. National Academy Press.

National Research Council. (2000). *Inquiry and the National Science Education Standards: a guide for teaching and learning*. National Academy Press.

National Research Council. (2012). *A framework for k-12 science education: Practices, crosscutting concepts, and core ideas*. National Academy Press.

National Research Council. (2015). *Guide to Implementing the Next Generation Science Standards. Committee on Guidance on Implementing the Next Generation Science Standards. Board on Science Education*. National Academy Press.

Nicolás, C., Menargues, A., Limiñana, R., Rosa, S., Rey, A., Molla, A. y Martínez-Torregrosa, J. (2022). E-learning y enseñanza de las ciencias a través de la indagación: aprendiendo sobre la densidad de los materiales. En R. Satorre (Ed.) *El profesorado, eje fundamental de la transformación de la docencia universitaria* (pp. 36-44). Octaedro.

Organización para la Cooperación y el Desarrollo, (10 de septiembre de 2024). *Education GPS*. https://gpseducation.oecd.org

Osuna, L., Martínez-Torregrosa, J. y Menargues, A. (2012). Evaluación de la enseñanza problematizada sobre la luz y la visión en la Educación Secundaria Obligatoria. *Enseñanza de las Ciencias 30* (3), 295-317.

Rocard, M., Csermely, P., Jorde, D., Lenzen, D., Walberg-Henriksson, H. y Hemmo, V. (2007). *Science Education Now: A Renewed Pedagogy for the Future of Europe*. European Comission.

Rose, H. y McKinley, J. (2018). Japan's English-medium instruction initiatives and the globalization of higher education. *Higher Education, 75*(1), 111-129.

Sanhauja, G. (2017). *Differentiating factors in ARA Groups (Groups of High Academic Achievement) and its effects on the definition of university strategies*. [Tesis de doctorado no publicada]. Universidad Politécnica de Valencia.

Sanmartí, N. (2002). *Didáctica de las ciencias en la educación secundaria obligatoria*. Síntesis Educación.

Sanmartín, R. (2021). Percepciones hacia el grupo de Alto Rendimiento Académico (ARA) entre alumnado universitario ARA y no ARA de Ciencias de la Actividad Física y el Deporte. En R. Satorre (Ed.) *Nuevos retos educativos en la enseñanza superior frente al desafío COVID-19* (pp. 132-142). Octaedro.

Experiencias en Didáctica de la Geografía en el grupo ARA del Grado de Maestro en Educación Primaria

R. Diez Ros, S. Ponsoda López de Atalaya, y R. Blanes Mora

1. INTRODUCCIÓN

Quienes nos dedicamos a la docencia universitaria sabemos de la importancia de someter a juicio nuestras prácticas diarias, para valorar su funcionamiento en las aulas, pero también para contribuir a una suerte de narrativa pedagógica que, cada poco tiempo, pueda ser reconfigurada y repensada. Con esta intención abordamos las siguientes reflexiones sobre las aulas de Didáctica de las Ciencias Sociales: Geografía, en el segundo curso del Grado en Maestra y Maestro en Educación Primaria de la Universidad de Alicante; centrando nuestra atención en la enseñanza geográfica impartida en los denominados como grupos de Alto Rendimiento Académico (ARA), que la Universidad de Alicante oferta desde el curso 2020/2021, y que utiliza el inglés como lengua vehicular del aprendizaje en el aula. A los retos particulares que tiene la docencia universitaria, claro está, debemos sumarle el contexto tan particular que se genera, tanto para el alumnado como para el profesorado, dado que utilizamos una lengua que, en líneas generales, no es la lengua habitual, proyectando, de ese modo, un nuevo contexto de enseñanza en el ámbito de la educación superior sobre el que bien merece la pena reflexionar.

Antes de describir con cierto detalle las principales experiencias adquiridas a lo largo de estos años de recorrido de la asignatura, queremos contextualizar, aunque sea mínimamente, qué entendemos por geografía, y su didáctica, desde luego, y muy especialmente, cómo podemos abordar su enseñanza y aprendizaje, con los diferentes retos ecológicos y sociales a los cuales debemos hacer frente. Pretendemos hacerlo a través de dos de las actividades prácticas implementadas en estos años, y que creemos evidencian los objetivos que nos proponemos como docentes de una Didáctica Crítica de las Ciencias Sociales.

Para contextualizar una asignatura como esta, y teniendo en cuenta que nuestro alumnado será, en el futuro cercano, maestros y maestras de Educación Primaria, es necesario abordar, sea como fuere, la raíz epistémica de la geografía, su razón de ser. De otro modo es relativamente sencillo perder la noción, el propio sentido de una asignatura, que, como ha manifestado en multitud de ocasiones nuestro alumnado, pero también diversos estudios (Ballester,1999; Guberman, 2019; Pagès y Santisteban, 2011), sigue anclada en un conjunto de metodologías pasivas, alejadas de los postulados críticos que han caracterizado el desarrollo de esta disciplina en nuestro siglo, el siglo del avance tecnológico y la mercantilización de las relaciones sociales (Harvey, 2007). Por ello, debemos tener muy presente no perder el vínculo con la realidad, ni mucho menos obviar, cuando enseñamos en el ámbito universitario, que además de trasladar un conocimiento científico, complejo, al contexto cotidiano del aula, estamos intentando formar una ciudadanía capaz de hacer frente a la actual crisis ecosocial. El reto no es menor.

Sin duda, será el geógrafo y docente británico, Patrick Bailey (1986), quien aporte una posible definición de la disciplina geográfica adecuada para nuestros intereses didácticos, afirmando que, «geography is the study of things becoming, so, the subject matter of geography is always changing» (p.205). Al tratarse, pues, de una disciplina en continua transformación, que modifica sus parámetros atendiendo a los objetos de estudio que analiza, su enseñanza-aprendizaje no puede anclarse a un conjunto de saberes enciclopédicos, porque, con el paso del tiempo y los cambios profundos en el espacio, es posible que demanden una actualización que abra nuevos parámetros a tener en cuenta (Ballester, 1999; Fernández, 2019; Pérez, Ramírez y Souto, 1997).

Uno de los objetivos que nos proponemos como docentes de Ciencias Sociales es generar en nuestro alumnado la capacidad para pensar activamente, un pensamiento crítico, en definitiva, tanto con los contenidos que aprenden, como con las prácticas pedagógicas que realizan en las aulas y que en un futuro podrán aplicar en las suyas. Así, activamos el conocimiento de una disciplina que, como el propio Bailey expresa con término certeros, «is a synthesising discipline, those who learn it must also be enabled through their geography to see the links between geography and other subjects and between those other subjects» (p.194).

Procuramos un ambiente de trabajo motivador, donde sea posible expresarse libremente, haciendo uso del inglés y en los términos correspondientes a la ciencia geográfica, que "permite trabajar contenidos tan importantes como la explicitación de hipótesis, la argumentación o la observación, de manera que el cómo se ha aprendido se convierte en un contenido de primer orden» (Pérez, Ramírez y Souto, 1997, p.39). En efecto, conseguir que el alumnado adquiera una perspectiva de la realidad, una acción realmente compleja y que todavía está siendo ampliamente discutida (Diez et al., 2021; Souto, 2013), no hace sino sumar una nueva capa a la tarea docente que afrontamos con ilusión, dado que cada curso supone un reto para con la profesión que ejercemos siendo responsables con las temáticas a trabajar.

En este debate descrito, sobre las geografías críticas y sus contenidos y métodos, no podemos obviar las aportaciones de las geografías feministas, que integran el análisis de género, visibilizando las desigualdades espaciales y las experiencias de las mujeres en los territorios. Una de sus principales contribuciones ha sido la incorporación de la perspectiva feminista para analizar cómo el espacio es socialmente construido y jerarquizado según el género, lo que permite examinar críticamente las interacciones entre el espacio, el poder y las identidades. Una de las pioneras en España, la geógrafa María Dolors García Ramón, realiza un análisis sobre la evolución de la geografía crítica en España en relación con los cambios políticos, académicos y sociales ocurridos durante las últimas cuatro décadas, y sostiene que la transición democrática en España generó un entorno propicio para el surgimiento de una geografía más comprometida social y políticamente, lo que permitió el florecimiento de enfoques críticos dentro de la disciplina (García-Ramón, 2005).

Confiamos en que nuestras prácticas docentes clarifiquen en nuestro alumnado la necesidad de seguir debatiendo sobre el modelo de sociedad que hemos ido construyendo en las últimas décadas, y cuál es su futuro, así como los distintos tipos de paisaje de nuestro entorno y cómo estos afectan sobremanera nuestras actuaciones sociales. Trabajamos, desde las primeras sesiones, las dimensiones básicas del área de Conocimiento del Medio, donde se circunscribe la Geografía y la Historia en la Educación Primaria, como son las relaciones que se establecen entre las personas y la sociedad, entre el medio físico y el medio social, entre la naturaleza y los elementos bióticos y abióticos, a partir de dos ejes bien diferenciados, cuyas correspondencias son continuas y realmente fructíferas, como son los contextos temporales y espaciales (Ballester, 1999; Pagès y Santisteban, 2011; Pérez, Ramírez y Souto, 1997).

En un marco tan complejo y, a su vez, tan rico intelectual y conceptualmente hablando, son muchas las problemáticas que surgen a lo largo del curso, pero también son muchos los aprendizajes que adquirimos, tanto docentes como estudiantes, al compartir una visión de la realidad que demanda una toma de posición y, ante todo, una mirada activa, profunda y sensible. Coincidimos con el análisis que Pérez, Ramírez y Souto (1997) realizaron en su día al detectar los retos básicos a los cuales se enfrenta el personal docente que impartirá Conocimiento del Medio, como son, por un lado, «saber relacionar los conceptos, los procedimientos y las actitudes en proyectos de trabajo o núcleos problematizadores de la realidad medioambiental para dar respuesta a la demanda de globalidad» (p.26), una afirmación que ha adquirido en nuestro tiempo una enorme relevancia, y que demanda de una formación adecuada y reglada (Diez et al.,2021), y por otro lado, «romper con la inercia de organizar unos contenidos enciclopédicos, como si esta área debiera dar lugar a una visión completa, exhaustiva de los contenidos culturales del mundo actual, que generalmente reproduce la visión eurocéntrica» (Pérez, Ramírez y Souto, 1997, p.26). Una de las grandes ventajas, pues, de enseñar Ciencias Sociales es que las problemáticas que planteamos en nuestras sesiones sólo pueden ser resultas cuando los alumnos y alumnas toman la decisión de participar en las mismas. En definitiva, hemos diseñado una asignatura que intenta demostrar cómo si implementamos actividades centradas «en la resolución de problemas podremos dotar a nuestro alumnado de los instrumentos cognitivos que les den claves de interpretación para entender mejor el mundo» (Pérez, Ramírez y Souto, 1997, p. 30).

2. OBJETIVOS

El propósito fundamental de la enseñanza en una lengua extranjera, en este caso, en inglés, exige que nuestro estudiantado adquiera un conjunto de herramientas lingüísticas que faciliten, y también sustenten, su comprensión conceptual (Zimmerman,1997), por ello, el primer gran reto al que tenemos que hacer frente es la comprensión y el manejo de los términos básicos que posibiliten un acercamiento a la geografía como ciencia, y también como herramienta metodológica, para comprender y enseñar el mundo social y natural que habitamos. En segundo término, establecemos un ambiente de participación activa donde el pensamiento crítico y el debate se postulan como dos pilares básicos para construir un diálogo fundamental en nuestro quehacer docente. Animamos a que el alumnado se exprese con total libertad, haciendo uso del inglés, y con la terminología adecuada. La oportunidad de aprender conceptos geográficos se suma a la mejora diaria en la expresión oral y escrita, es decir, tanto la asignatura como el medio lingüístico son indisolubles y se retroalimentan en todo momento. A este respecto, debemos destacar que los grupos ARA no son numerosos, como sí son el resto de grupos de la asignatura. Es raro superar la veintena de estudiantes, y ello facilita la tarea de acompañamiento y supervisión desde las primeras sesiones. Por ello, nos referimos a un proceso realmente interesante, como es la adquisición y mejora del aprendizaje de una segunda lengua *mediante* o *a partir de* la reflexión espacial, social y cultural.

3. EXPERIENCIAS EDUCATIVAS EN EL AULA DE GEOGRAFÍA EN LOS GRUPOS ARA

La primera de las prácticas evaluables que desarrollamos en el aula, transcurridas, por norma general, unas pocas semanas desde el inicio del mismo, es el diseño de una salida de campo en un contexto de enseñanza geográfica. El alumnado, pues, utiliza una serie de recursos tecnológicos, como puedan ser las aplicaciones Google Map o Google Earth, para los planos o proyecciones cartográficas, así como la web de Parques Naturales gestionada por la Conselleria de Agricultura, Desarrollo Rural, Emergencia Climática y Transición Ecológica, donde se pueden hallar multitud de rutas y ejemplos que los y las alumnas utilizan como modelos para sus propias salidas de campo. Por lo tanto, la primera decisión que deben adoptar es escoger en qué territorio o paisaje aplicaremos las herramientas didácticas, y sus propias reflexiones geográficas, trabajadas en las primeras sesiones, y esta acción no es tan inocente como parece, pues los alumnos y alumnas seleccionan aquellos espacios que creen conocer mejor, estableciendo de ese modo posibles problemáticas que deberán resolver llegado el caso. No obstante, intentamos gestionar las posibles incongruencias o dudas que vayan surgiendo, en muchas de las ocasiones bien justificadas, pero, a esto, debemos sumarle un nuevo escenario de complejidad, dado que los materiales a los que acceden, así como los nombres de los hitos o las localidades que deben señalar en su ruta, han de ser traducidos al inglés. Este es un reto importante, desde luego, pero, con todo, de enorme interés para la docencia en lengua extranjera en el área de Ciencias Sociales, a saber, familiarizarse cuanto antes con los nuevos términos, con un vocabulario que pueda resultarles cercano y cotidiano, pero que rara vez utilizan, incluso en las aulas de inglés, redundando en su beneficio, y también en el nuestro, puesto que, cuanto antes se inicien en este contacto con un nuevo vocabulario, antes se accederá al contenido básico de la asignatura.

En suma, intentamos que, en esta primera actividad, donde el alumnado suele desenvolverse con bastante éxito, dado que poseen multitud de ejemplos y conocen relativamente bien los recursos a utilizar, en una primera toma de contacto con las principales cuestiones de la enseñanza geográfica, con los términos y el vocabulario que facilitará la comprensión de aquellos conceptos más arduos, y que, en pocas semanas, tendrán que manejar con mayor soltura. Curiosamente, no son tan conscientes, o al menos esa es nuestra impresión, de ampliar de una manera asombrosa su vocabulario, no sólo específico del área, sino también concerniente a sus propias habilidades lingüísticas, por ejemplo, para realizar descripciones más precisas de un paisaje, y en algunas ocasiones, haciendo uso de un conjunto de expresiones formales mediante una terminología adecuada, y esto es debido, creemos, a que la mayoría del trabajo que hacemos con ellos y ellas, y como ejemplo esta primera práctica, es equilibrar entre el contenido geográfico y el contenido lingüístico. Dicho de otro modo, con el aprendizaje que tenían interiorizado, nuestros alumnos y alumnas son capaces de articular, en poco tiempo, un discurso geográfico coherente y argumentado, porque, a nuestro parecer, han reorganizado los términos fundamentales y esto les permite comprender la amplitud de la disciplina.

En cuanto a la segunda de las prácticas, consiste en el análisis de un «paisaje emocional», esto es, solicitamos que nuestro alumnado indague en su archivo fotográfico con objeto de seleccionar una imagen que represente un espacio simbólico de su infancia. Como estamos trabajando con futuros maestros y maestras de educación primaria, siempre resulta pertinente, a nuestro juicio, recuperar los recuerdos y las experiencias de su pasado con los intereses del presente, dado que en su profesión no podrán renunciar a ello, puesto que consideramos que la memoria es un banco de sabiduría que cada persona albergamos en nuestro interior.

Una vez seleccionada dicha fotografía, deben crear un relato, un poema, o en su caso, una pequeña descripción, con un lenguaje que sea lo más personal y creativo posible, donde se narra aquello que estamos observando en la imagen, y también, claro está, todo lo que rodea a la propia imagen, pues, durante las sesiones del curso hemos incidido, con mucha insistencia, que, para conseguir un aprendizaje efectivo en Geografía, y nos atreveríamos a decir de las propias Ciencias Sociales, tan relevante es valorar lo visible como lo invisible, es decir, aquello que está presente, pero pasa inadvertido o resulta complejo de observar porque está en continuo cambio. Las experiencias vividas han sido excepcionales, en muchos sentidos. Al tratarse de una actividad que parte de los intereses del propio alumnado, pues son ellos y ellas quienes deben seleccionar la imagen, para posteriormente relatarla con sus propias palabras, este ejercicio de libertad creativa, en un aula universitaria, posibilita que la expresión por escrito sea la más sincera del curso, conociendo que no hay una respuesta adecuada, cada quien debe abordarla desde su conocimiento y su experiencia adquirida a lo largo del curso. De hecho, la mayoría de los textos que recogemos denotan, sin duda, un hecho irrefutable, como es la necesidad de encontrar, por parte de los y las estudiantes, su propio espacio de aprendizaje, y lo que nos parece más relevante para con nuestros intereses como docentes que impartimos en lengua extranjera, cada uno de ellos y ellas posee un ritmo de aprendizaje diferente que no podemos, ni debemos, homogeneizar.

En cuanto a la aplicación de los contenidos geográficos en inglés, las posibilidades de aprendizaje son realmente valiosas. El alumnado aplica el conocimiento geográfico a través del lenguaje adecuado, a los paisajes que seleccionan, haciendo uso de una terminología que, ya sea mediante lecturas o glosarios, hemos ido explicitando durante el curso. A su vez, y al aplicar dicho conocimiento a una imagen que les resulta familiar y cercana, sus textos poseen una mayor profundidad conceptual, buscando eficacia en las descripciones, e incluso, en ocasiones, buscando emocionar a través de la combinación entre lo visto y lo escrito. Este último punto, por cierto, resulta de interés, porque desde la investigación trabajamos la esfera visual como un campo fructífero para la enseñanza-aprendizaje de la Didáctica de las Ciencias Sociales, pero también porque al estimular el pensamiento, con dichas fotografías, se internan, metafóricamente hablando, dentro de la propia imagen, narrando incluso lo que sucedió una vez tomada la fotografía. En otras palabras, si trabajamos prácticas cuya matriz principal sea la creatividad, tanto para trabajar contenidos sociales como lingüísticos, tenemos muchas posibilidades de que ese aprendizaje sea efectivo, real y auténtico, generando una confianza que permanece en el recuerdo.

Así pues, estas dos experiencias didácticas demuestran que el uso de una lengua extranjera no es óbice para reducir el contenido o marginar ciertas actividades, porque puedan parecernos arduas o complejas de implementar en el aula; al contrario, consideramos que, aunque el alumnado pueda tener serias dificultades para expresarse con los términos correspondientes, no existe un mecanismo más adecuado, a nuestro parecer, que el diseño de prácticas creativas aplicadas a unos objetivos concretos y bien consensuados. En resumen, cuando estamos en el largo proceso de mejorar el aprendizaje de una segunda lengua, debemos reforzar lo adquirido, y a su vez, plantear nuevos escenarios, y con esto no hacemos referencia solo a la complejidad, sino al hecho de generar una necesidad comunicativa (Zimmerman, 1997), donde el uso adecuado de un término, por ejemplo, sea fundamental para conseguir esa transmisión de información conceptual y también emocional que se busca con ello.

4. DISCUSIÓN

El acto de comunicar es, sin duda alguna, una de las acciones más relevantes en el aprendizaje. Hemos sido estudiantes, y ahora también docentes, porque tenemos la intención y el deseo de compartir, de transmitir una información de un modo veraz y efectivo.

A lo largo de estos años, pese al tiempo invertido en adecuar los contenidos para mejorar la docencia, todavía son muchos los retos que tenemos por delante. Como se ha podido comprobar, ambas actividades trabajan contenidos muy concretos del área, con un enfoque metodológico que, ante todo, intenta generar un nuevo contenido, cuya aplicación en las futuras aulas de primaria sea posible y deseable. No olvidemos, pues, que estamos en un escenario de formación inicial de profesorado, y todo aquello que enseñamos, y practicamos con el alumnado, tiene como propósito último que lo interioricen y sean capaces, más adelante, de adecuarlo a las necesidades educativas de su aula, y puedan, a grandes rasgos, implementarlo con el mismo grado de éxito que en nuestro caso hemos procurado conseguir.

A este elemento de ejemplaridad, que hace de nuestra tarea un ejercicio de responsabilidad diaria, añadimos las dificultades a las que hacemos frente para desarrollar las dos experiencias didácticas comentadas en estas páginas. En primer lugar, los conocimientos previos sobre contenidos geográficos de nuestro alumnado, en su gran mayoría, dificultan enormemente las primeras sesiones, donde los contenidos, así como las metodologías propias de esta ciencia, son, en su mayoría, desconocidas. Así, tenemos una doble tarea, como es la de iniciar un pensamiento geográfico en una segunda lengua. Este reto, como se puede intuir, no siempre se consigue, y hay estudiantes que necesitan más tiempo para asimilar el contenido y los términos fundamentales de la asignatura. Cómo impartimos la docencia a un grupo relativamente pequeño, este seguimiento es posible, aunque no siempre se consigue llegar a tiempo para solventar dudas relevantes. En segundo lugar, a través de la aplicación de los contenidos en el diseño de actividades, los y las alumnas deben hacer uso de todas sus herramientas comunicativas para alcanzar sus objetivos. No es posible, pues, entender la ciencia geográfica sin los términos y el vocabulario adecuado, o sin hacer una lectura profunda sobre la propia disciplina o sus objetos de estudio. Estos dos elementos, que coinciden en algunos de sus aspectos, se reflejan en las dos prácticas que hemos detallado en el anterior apartado, y, sobre todo, describen una panorámica fundamental de esta asignatura, a saber: la complejidad de los contenidos explicados, de nuevo, y queremos incidir en ello, genera un contexto idóneo para un aprendizaje efectivo de las principales herramientas lingüísticas, fundamentales para su crecimiento intelectual.

En consecuencia, la puesta en práctica de lo aprendido, mediante una comunicación eficaz, redunda en la consideración que señalase en su día Bailey (1986), esto es, que el aprendizaje geográfico es una puerta de entrada a un aprendizaje sobre la realidad y el mundo que nos rodea, una manera de pensar, como dijera el influyente geógrafo británico. Esta conexión con la realidad estimula el interés de nuestro alumnado y le anima a expresarse haciendo uso de todo aquello que conoce y sabe, siendo una oportunidad inmejorable para mejorar sus habilidades comunicativas e interpersonales.

5. CONCLUSIONES

La profesión docente es, qué duda cabe, una de las más relevantes de la sociedad contemporánea. A pesar de los veloces cambios que registramos en nuestro día a día, los retos de quienes nos dedicamos a la formación inicial docente continúan siendo, en gran medida, similares a décadas pasadas. Este hecho es curioso, y desde luego, sintomático de la confusión que existe cuando recurrimos a la educación como una suerte de espacio que podrá salvarnos del fracaso o de la incertidumbre. Nada más lejos de la realidad. Una persona educada, como puedan ser los alumnos y alumnas que recibimos en nuestras aulas, que ya conocen un buen número de datos, metodologías y referencias básicas en las grandes áreas de conocimiento, debe poder sentir que le son de utilidad para su identidad docente.

Además, el reto de aproximar la geografía, una disciplina dedicada al estudio de las relaciones del ser humano con el medio, reside en la escasa familiaridad de los contenidos, un hecho que sin duda debería hacernos reflexionar sobre cómo se está atendiendo a las Ciencias Sociales en la Educación Secundaria. El verdadero reto al cual nos enfrentamos diariamente, es la habilidad que tengamos para seleccionar los contenidos y relacionarlos unos con otros, de tal modo que, a pesar de no profundizar lo que nos gustaría, por una cuestión de tiempo, sí obtengamos una visión amplia y clarificadora de los mismos. Por ello, nos proponemos, año tras año, valorar la calidad de los contenidos que impartimos, su adecuación al contexto y a las necesidades educativas, así como la idoneidad de las prácticas que durante el año son implementadas, por un lado, para motivar y activar la participación y el interés de nuestro alumnado, y, por otro lado, como medio idóneo para comprobar la eficacia de nuestras enseñanzas, ya que los alumnos y las alumnas utilizarán como referencia lo que han aprendido en el aula.

Las experiencias descritas en este trabajo, en definitiva, confirman nuestras impresiones cuando tuvimos oportunidad de aceptar el reto de enseñar ciencias sociales en inglés, a saber: no existen barreras lingüísticas cuando se plantea el contenido a impartir de una manera honesta, clara y responsable. Es cierto que existen condicionantes a tener en cuenta, entre ellos, y el más notorio, que la mayoría de los estudiantes que forman parte de estos grupos ARA no poseen las mismas habilidades lingüísticas o las herramientas suficientes como para comunicarse sin dificultad; con todo, la posibilidad de practicar a diario el idioma que están perfeccionando, dado que pueden mejorar lo que ya saben en un entorno realmente proclive a ello, les facilita un aprendizaje constante y, en consecuencia, una mejora considerable.

Por último, nos gustaría sumarnos a la reivindicación que se viene haciendo desde la didáctica de las Ciencias Sociales, y también, claro está, de las Humanidades, como un espacio ideal para el aprendizaje de lenguas extranjeras. No debemos ignorar que, al estudiar y trabajar un contenido complejo, como el geográfico, le ofrecemos al estudiantado la posibilidad de incrementar su conocimiento, y a su vez, de mejorar exponencialmente sus capacidades lingüísticas. Puesto que estamos ante una ciencia de síntesis, o como dirán Pérez, Ramírez y Souto (1997), «el espacio geográfico es un espacio complejo, síntesis de los espacios absolutos y relativos, lo que supone una nueva manera de "pensar el espacio", pues la persona en su aprendizaje relaciona sus experiencias sensoriales con las reflexivas» (p.33), es una oportunidad inmejorable para trabajar distintos contenidos al mismo tiempo, en tanto en cuanto la geografía se apoya en otras áreas, como la historia, las artes o la lengua, ya que se necesita una enorme creatividad, y también se requiere de un vocabulario específico, incluso, de una serie de expresiones básicas para nombrar aquello que se pretende estudiar o describir. En este contexto de interdisciplinariedad real, donde los conocimientos se interrelacionan, desarrollamos nuestra labor docente pretendiendo compartir la magnitud de la ciencia geográfica

Más que nunca, las cuestiones relacionadas con la identidad cultural, las problemáticas medioambientales, así como otros hechos vinculados estrechamente con la realidad, que forman parte de nuestra vida cotidiana, tendrán que ser estudiadas y analizados con inteligencia y, sobre todo, con ambición. La educación seguirá siendo, como siempre ha sido, el primer gran paso para construir una sociedad que mire al futuro con esperanza y creatividad, porque se reconoce en la realidad de la cual forma parte.

6. REFERENCIAS

Bailey, P. (1986). A Geographers's View: Contributions of Geography to School Curriculum, *Geography*, 193-205.

Ballester, A. (1999). *La didàctica de la geografia. Aprenentatge significatiu i recursos didàctics de les Illes Balears*. Documenta Balear.

Diez, R., Dominguez, A., Ponsoda, S. y Ortuño, B. (2021). Social Science Pedagogy as a Way of Integrating Sustainable Education and Global Citizenship into the Initial Training of Pre-Primary Teachers. *Eur. J. Investig. Health Psychol. Educ.*, 11, 975–989. https://doi.org/10.3390/ejihpe11030072

Harvey, D. (2007). *Espacios del capital. Hacia una geografía crítica*. Akal.

García-Ramón, María Dolors (2005). Enfoques críticos y práctica de la geografía en España. Balance de tres décadas (1974-2004). *Documents d'Anàlisi Geogràfica*, 45, 139-148.

Guberman, D. (2019). Perspectivas de género en Geografía: aportes para la renovación de la enseñanza de la Geografía escolar.

Fernández, A. (2019). La enseñanza de las Ciencias Sociales a partir de problemas sociales o temas controvertidos: estado de la cuestión y resultados de una investigación. *Future Pasado*, 10, 57–79, https://doi.org/10.14516/fdp.2019.010.001.002.

Pagès, J., y Santisteban, A. (2011). Enseñar y aprender ciencias sociales. En Pagès, J., y Santisteban, A. *La Didáctica del Conocimiento del Medio Social y Cultural en Educación Primaria. Ciencias Sociales Para Comprender, Pensar y Actuar* (pp.23-40). Síntesis.

Pérez Esteve, P., Ramírez Martínez, S. y Souto González, X.M. (1997). El área del conocimiento del medio ¿Un cajón de sastre?, *Revista Investigación en la Escuela*, 31, 17-40.

Souto González, X.M. (2013). Didáctica de la Geografía y currículo escolar. En R. González, M. Lázaro y M. Marrón Gaite (Coord.), *Innovación en la enseñanza de la geografía ante los desafíos sociales y territoriales* (pp.121-147). Institución Fernando el Católico.

Zimmerman, C. B. (1997). Historical trends in second language vocabulary instruction. En J. Coady y T. Huckin (Eds.), *Second Language Vocabulary Acquisition*, (pp. 5-19). Cambridge University Press.

La formación de futuros maestros de matemáticas de Educación Primaria: una experiencia con el grupo ARA

J.M. González-Forte, P. Ivars y C. Fernández

INTRODUCCIÓN

El conocimiento profesional del profesor necesario para enseñar matemáticas se considera que está integrado por diferentes dominios. Sin embargo, el rasgo que caracteriza el conocimiento profesional del profesor no está sólo en lo que conoce sino en cómo se usa. Esta perspectiva subraya así la importancia del uso del conocimiento en la resolución de las situaciones problemáticas generadas en la actividad profesional de enseñar matemáticas (Llinares, 2013). Desde esta perspectiva, la identificación del conocimiento y competencias específicas necesarias para enseñar matemáticas se vincula con analizar el sistema de actividades que configuran la práctica de enseñar matemáticas. Se pueden identificar tres sistemas de actividades que articulan la práctica: analizar e interpretar el pensamiento matemático del alumnado dotando de significado sus producciones matemáticas, analizar, seleccionar y diseñar tareas matemáticas adecuadas y, dotar de sentido y gestionar la comunicación matemática en el aula (Llinares, 2013).

Para desarrollar estos "sistemas de actividades" que articulan la práctica de ser maestro/a, el estudiante para maestro debe llegar a disponer del conocimiento pertinente en los diferentes aspectos que las definen. Llinares (2013) caracteriza la noción de *competencia docente* como ser capaz de usar el conocimiento de forma adecuada para llevar a cabo la práctica de enseñar matemáticas. Las recientes teorías sobre el aprendizaje del profesorado inciden en que el desarrollo de esta competencia docente permite a los docentes vincular los conocimientos teóricos con la práctica (Llinares y Fernández, 2021).

Desde las teorías de cognición situada (Brown et al., 1989), se subraya la importancia de los contextos y del tipo de actividades en la generación del conocimiento y se asume que el conocimiento es inseparable de los contextos y las actividades en los que se desarrolla. Esta perspectiva implica que los futuros maestros desarrollen conocimiento y competencias conectadas con situaciones de uso. Brown et al. (1989) argumentan que esta perspectiva sugiere el uso de actividades auténticas entendidas como: "las prácticas ordinarias de la cultura" (p. 34).

Puesto que los futuros docentes no disponen de su propia aula, desde esta perspectiva se subraya la necesidad de usar representaciones de la práctica, también llamadas viñetas, como actividades auténticas. Investigaciones recientes han mostrado que el uso de representaciones de la práctica en los programas de formación, pueden brindar al profesorado, tanto en activo como en formación, oportunidades para aprender sobre y para la práctica. Es decir, las representaciones de la práctica son un instrumento adecuado para favorecer el desarrollo de la competencia docente y apoyar la relación entre la teoría y la práctica (Fernández et al., 2018; Friesen y Kuntze, 2018).

USO DE REPRESENTACIONES DE LA PRÁCTICA (VIÑETAS) EN LA FORMACIÓN DE MAESTROS

Las representaciones de la práctica se entienden como una descripción de una situación en el aula generada para promover la reflexión y el debate sobre la realidad de aula por parte de los docentes en formación y/o en ejercicio (por ejemplo, una transcripción de las respuestas de estudiantes a una actividad, un vídeo de estudiantes respondiendo a un problema, un cómic que muestra la interacción docente-estudiantes o bien, una situación en la que se tiene que usar el libro de texto para favorecer el aprendizaje). Una representación de la práctica puede representar uno o varios aspectos de una situación de aula, pero no todas las características de una clase (Buchbinder y Kuntze, 2018). Esta reducción de información convierte a las representaciones de la práctica en instrumentos útiles en el desarrollo profesional ya que permiten a los docentes centrar la atención en aquellos aspectos de la práctica que son objeto de aprendizaje. Además, se pueden diseñar en diferentes formatos (Friesen y Kuntze, 2018) grabaciones en vídeo de situaciones reales de aula (van Es y Sherin, 2008), respuestas de alumnado a diferentes problemas o, diálogos entre el profesor y el alumnado resolviendo diferentes problemas (Fernández et al., 2018; Ivars et al., 2020) o animaciones o dibujos animados (Herbst y Kosko, 2014; Samková, 2018). Diversos estudios han mostrado que los diferentes formatos en los que una representación de la práctica puede mostrarse (por ejemplo, en formato escrito, vídeo o cómic) son comparablemente útiles para involucrar a los docentes en formación y en ejercicio con representaciones de la práctica en el aula (Friesen y Kuntze, 2018; Herbst y Kosko, 2014). Así, las representaciones de la práctica generan contextos reales para analizar e interpretar aspectos de la enseñanza y el aprendizaje de las matemáticas y ofrecen oportunidades para relacionar ideas teóricas sobre la enseñanza y el aprendizaje de las matemáticas con ejemplos de la práctica (Buchbinder y Kuntze, 2018; Fernández et al., 2018).

El reto que supone esta concepción del aprendizaje es que el futuro docente sea capaz de empezar a teorizar en contextos prácticos aprendiendo a construir nuevo conocimiento desde la práctica, tanto la simulada en el contexto de su formación inicial en la universidad, como la real en el contexto de un aula de primaria cuando se inicie en su desempeño profesional.

Por otra parte, desde las perspectivas socioculturales del aprendizaje se asume que aprender a enseñar matemáticas implica la participación en un proceso social de construcción de conocimiento y se incide en la necesidad de crear entornos de aprendizaje en los que el futuro docente construya activamente el significado en colaboración con otros. En particular, Lave y Wegner (1991) adoptan una perspectiva antropológica para conceptualizar la relación entre la actividad y el aprendizaje utilizando la idea de "comunidad de práctica".

La comunidad de práctica define un grupo social en el que sus miembros comparten una determinada actividad. En nuestro caso, la actividad de enseñar matemáticas. Desde esta perspectiva, las ideas teóricas procedentes de investigaciones en Didáctica de la Matemática pueden ser usadas para resolver actividades auténticas (representaciones de la práctica) y para guiar la participación y apoyar la comunicación de los futuros maestros en contextos que se conviertan en comunidades de aprendices. Es decir, en este contexto, la clase se convierte en una comunidad de aprendices y por tanto se deben diseñar entornos de aprendizaje en los que los futuros maestros participen activamente, reflexionen, discutan y se apoyen en otros miembros de la comunidad.

Alrededor de estas perspectivas teóricas se organizan las asignaturas del área de Didáctica de la Matemática en el Grado de Maestro en Educación Primaria y, por tanto, en el grupo de Alto Rendimiento Académico (ARA).

MATEMÁTICAS PARA SER MAESTRO DE EDUCACIÓN PRIMARIA EN LA FACULTAD DE EDUCACIÓN DE LA UNIVERSIDAD DE ALICANTE

El Grado de Maestro en Educación Primaria de la Universidad de Alicante cuenta con tres asignaturas obligatorias, de 6 ECTS cada una, en el área de Didáctica de la Matemática. *Didáctica de la Matemática: Sentido Numérico* y *Didáctica de la Matemática: Sentido Geométrico* están centradas en la enseñanza del contenido matemático necesario para ser maestro de Educación Primaria (p. ej., resolución de situaciones proporcionales, conocimiento del sistema de numeración decimal, clasificación de cuerpos geométricos...). La asignatura *Enseñanza y Aprendizaje de las Matemáticas en Educación Primaria* parte de este conocimiento del contenido matemático como base para desarrollar competencias profesionales en los futuros maestros, por ejemplo, analizar la comprensión de los estudiantes, planificar una lección o analizar actividades.

En particular, este capítulo se centra en presentar una representación de la práctica llevada a cabo con el grupo ARA en la asignatura de *Didáctica de la Matemática: Sentido Numérico*. Como objetivo específico de esta asignatura, se pretende que los futuros maestros desarrollen la competencia matemática en el ámbito del sentido numérico, las magnitudes, el tratamiento de la información y la resolución de problemas como fundamento para la enseñanza de las Matemáticas.

La asignatura se estructura en cuatro unidades: (i) *Unit 1: Numbering systems. Algorithms;* (ii) *Unit 2: Divisibility;* (iii) *Unit 3: Fractions. Rational numbers. Proportional reasoning;* (iv) *Unit 4: Information processing. Data management.* En todas las unidades se sigue una misma metodología. En la primera sesión de cada unidad, se presenta, resuelve y discute, en gran grupo, una representación de la práctica (a modo de caso introductorio) con el objetivo de introducir contenidos que se trabajarán posteriormente, y dilucidar los conocimientos previos sobre esos contenidos que los futuros docentes atesoran. A continuación, a lo largo de la unidad se les proporciona información teórica procedente de investigaciones en Didáctica de la Matemática, para apoyar la resolución de actividades a lo largo de las sesiones.

En este capítulo mostraremos, la representación de la práctica usada como caso introductorio llevado a cabo en la primera sesión de la Unit 3: *Fractions. Rational numbers. Proportional reasoning.*

VIÑETA SOBRE COMPARACIÓN DE FRACCIONES

Para la primera sesión de la Unit 3: *Fractions. Rational numbers. Proportional reasoning,* se diseñó una representación de la práctica (en formato cómic) sobre razonamientos incorrectos empleados por alumnado de Educación Primaria cuando comparan fracciones (Figura 1). En ella se observa como Vanessa, una maestra de 5.º curso de Educación Primaria, pregunta a su alumnado sobre qué fracción creen que es mayor, 1/3 o 5/8. Ante esta pregunta se abre un debate entre tres alumnos.

En primer lugar, Pedro considera que 5/8 es mayor que 1/3, ya que el numerador y el denominador en 5/8 son mayores que el numerador y el denominador en 1/3 ("5/8 es mayor porque el 5 es mayor que el 1 y el 8 es mayor que el 3"). Este razonamiento, conocido como sesgo del número natural (Van Dooren et al., 2015), es un error muy frecuente en estudiantes de educación primaria y secundaria (González-Forte et al., 2020), y reside en el uso de las propiedades de los números naturales cuando se trabaja con números racionales. De este modo, Pedro considera que para determinar qué fracción es mayor, se puede basar en el tamaño de los términos, tal y como si fuesen dos números naturales independientes separados por una barra (Stafylidou & Vosniadou, 2004).

Tras la respuesta de Pedro, Vanessa pregunta al resto de la clase si están de acuerdo con su respuesta. Marta contesta que no está de acuerdo con la respuesta de Pedro, ya que ella considera que 1/3 es mayor. Justifica su respuesta indicando que la diferencia entre numerador y denominador en 1/3 es menor que en 5/8 ("1/3 es mayor que 5/8 ya que la diferencia de 1 a 3 es dos, y la diferencia de 5 a 8 es tres"). Este razonamiento, conocido como pensamiento en diferencias (Pearn & Stephens, 2004), ha sido observado también en estudiantes de educación primaria y secundaria (González-Forte et al., 2020). Este razonamiento reside en interpretar la diferencia entre numerador y denominador como el número de partes que faltan para completar la unidad. Por lo tanto, se considera que una fracción es mayor que otra si la diferencia entre el numerador y el denominador es menor, y que ambas fracciones son iguales si la diferencia es igual.

Ante esta respuesta, un tercer alumno, Andrés, reacciona contestando que él también cree que 1/3 es mayor que 5/8, pero su justificación es diferente. Pedro considera que 1/3 es mayor ya que el denominador en 1/3 es menor que el denominador en 5/8 ("1/3 es mayor que 5/8 ya que 3 es menor que 8"). Este razonamiento es conocido como razonamiento inverso (Pearn & Stephens, 2004), también ha sido observado en estudiantes de educación primaria y secundaria (Gómez & Dartnell, 2015; González-Forte et al., 2023), y se basa en el tamaño del denominador para considerar que cuanto menor es el denominador, mayor es la fracción. Los estudiantes consideran que los denominadores más pequeños indican que las partes en las que está dividida la unidad son más grandes, por lo tanto, 1/3 es más grande que 5/8 porque 3 partes son más grandes que 8 partes. Sin embargo, no tienen en cuenta los numeradores.

Figura 1. Caso introductorio sobre comparación de fracciones

Tras leer la viñeta, cada estudiante para maestro debe contestar a tres preguntas profesionales:

- ¿Qué conocimiento (conceptos matemáticos, propiedades...) podrían estar detrás de los comentarios de los estudiantes? Escribe tus ideas para cada uno de los comentarios.
- ¿Estás de acuerdo con alguno de ellos? Justifica tu respuesta.
- En caso de que no estés de acuerdo con ninguno, escribe tu propia resolución de la actividad.

El caso introductorio se centra en el contenido específico de la comparación de fracciones. La representación de la práctica pone el foco de atención en discutir sobre qué conceptos matemáticos, propiedades... hay detrás de las respuestas proporcionadas por el alumnado y sobre su propia forma de razonar. Por lo tanto, la resolución y posterior discusión de esta representación de la práctica ayuda a conocer posibles razonamientos incorrectos latentes en futuros docentes, así como introducir conceptos que se verán a lo largo de la unidad.

RESPUESTAS DE LOS ESTUDIANTES PARA MAESTRO

En esta sección, se explica cuál es la respuesta esperada y discutida con los estudiantes del grupo ARA. Ante la pregunta *"¿Qué conocimiento (conceptos matemáticos, propiedades...) podrían estar detrás de los comentarios de los estudiantes? Escribe tus ideas para cada uno de los comentarios"*, se espera que los estudiantes para maestro identifiquen que los tres razonamientos son incorrectos. En primer lugar, que la respuesta de Pedro es incorrecta, ya que está realizando una comparación de los numeradores y los denominadores por separado, como si fuesen números naturales independientes. Se espera que los estudiantes del grado identifiquen este error, justificando, por ejemplo, que este razonamiento no es aplicable a cualquier par de fracciones, como, por ejemplo, la comparación 2/3 y 4/9 (ya que, en este caso, 2/3 tiene menor numerador y denominador que 4/9, pero 2/3 es mayor).

Ante la respuesta de Marta, se espera que los estudiantes del grado identifiquen que es incorrecta, ya que lo que queda para completar la unidad es una fracción y no un número natural. Es decir, en 1/3 no quedan dos, sino 2/3. Se espera que lo puedan justificar, por ejemplo, realizando una representación gráfica de 1/3 y de 5/8 (p. ej., haciendo uso de dos rectángulos iguales, uno dividido en tercios, donde se toma una parte; y el otro dividido en octavos, donde se toman cinco partes), donde se evidencie que en 5/8 la cantidad representada es mayor que en 1/3. Por lo tanto, este razonamiento no es válido.

Ante la respuesta de Andrés, de nuevo se espera que los estudiantes del grado identifiquen que es un razonamiento incorrecto, ya que utilizar únicamente el tamaño del denominador para determinar qué fracción es mayor no es siempre válido. Se espera que lo puedan justificar de una manera parecida a lo expuesto en el caso de Marta. Con la representación gráfica de ambas fracciones se puede evidenciar que no solo hay que tener en cuenta el tamaño de las partes en las que se divide la unidad (concepto matemático que sí que tienen claro los estudiantes que emplean este razonamiento), sino también la cantidad de partes que se toman.

Por lo tanto, la respuesta a la segunda pregunta, *"¿Estás de acuerdo con alguno de ellos? Justifica tu respuesta"*, se espera que sea que no, ya que son razonamientos incorrectos. La tercera pregunta, *"En caso de que no estés de acuerdo con ninguno, escribe tu propia resolución de la actividad"*, servirá para conocer qué razonamientos/estrategias utilizan los estudiantes para maestro cuando se enfrentan a este tipo de actividades. Las respuestas esperadas podrían ser: encontrar fracciones equivalentes con el mismo denominador, para así poder comparar los numeradores; convertir ambas fracciones a expresiones decimales; utilizar "la mitad" como punto de referencia (*benchmark*) para comparar (p. ej., 1/3 es menos de la mitad y 5/8 es más de la mitad); o realizar representaciones gráficas de ambas fracciones (como se ha explicado anteriormente), entre otras.

REFLEXIÓN FINAL

El diseño del programa de formación de futuros maestros de Educación Primaria, particularmente futuros maestros/as de matemáticas, intenta dotar a los estudiantes del conocimiento matemático y del conocimiento sobre la enseñanza y aprendizaje de las matemáticas que necesitarán usar en su futura labor docente (Fernández et al., 2018). Este programa de formación se organiza alrededor de prácticas profesionales específicas como son: identificar los elementos matemáticos que componen los conceptos y contenidos matemáticos, interpretar el/los razonamiento/s de los estudiantes de educación primaria cuando están aprendiendo estos conceptos, identificar e interpretar las potencialidades de los materiales curriculares para apoyar la comprensión de estos contenidos (como pueden ser los libros de texto o materiales manipulativos que los futuros maestros tendrán a su alcance) y decidir cómo continuar con la instrucción considerando las interpretaciones realizadas, ya sea de los materiales curriculares o de los razonamientos de los estudiantes. Esta manera de organizar los programas de formación se apoya en la necesidad de generar espacios de discusión y reflexión alrededor de actividades auténticas con el objetivo de que los futuros maestros puedan empezar a usar el conocimiento teórico aportado por el programa de formación en contextos prácticos.

AGRADECIMIENTOS

Este estudio ha sido cofinanciado por los proyectos CIAICO/2021/279 de la Generalitat Valencia (Conselleria de Educación, Cultura, Universidades y Empleo) y PID2020-116514GB-I00 del Ministerio de Ciencia e Innovación

REFERENCIAS

Brown, J., Collins, A. y Duguid (1989). Situation cognition and the culture of learning. *Educational Researcher, 18*(1), 32-42. https://doi.org/10.3102/0013189X018001032

Buchbinder, O. y Kuntze, S. (Eds.) (2018). *Mathematics Teachers Engaging with Representations of Practice: A Dynamically Evolving Field.* Springer. https://doi.org/10.1007/978-3-319-70594-1

Fernández, C., Sánchez–Matamoros, G., Valls, J. y Callejo, M.L. (2018). Noticing students' mathematical thinking: characterization, development and contexts. *Avances de Investigación en Educación Matemática, 13,* 39–61. https://doi.org/10.35763/aiem.v0i13.229

Friesen, M. y Kuntze, S. (2018). Competence assessment with representations of practice in text, comic and video format. En O. Buchbinder y S. Kuntze (Eds.). *Mathematics Teachers Engaging with Representations of Practice: A Dynamically Evolving Field,* (pp. 113-130). Springer. https://doi.org/10.1007/978-3-319-70594-1_7

Gómez, D. M., & Dartnell, P. (2015). Is there a natural number bias when comparing fractions without common components? A meta-analysis. In K. Beswick, T. Muir, & J. Wells (Eds.), *Proceedings of the 39th Conference of the International Group for the Psychology of Mathematics Education* (Vol. 3, pp. 1–8). PME.

González-Forte, J. M., Fernández, C., Van Hoof, J., & Van Dooren, W. (2020a). Various ways to determine rational number size: an exploration across primary and secondary education. *European Journal of Psychology of Education, 35*(3), 549–565. https://doi.org/10.1007/s10212-019-00440-w

González-Forte, J. M., Fernández, C., Van Hoof, J., & Van Dooren, W. (2023). Incorrect ways of thinking about the size of fractions. *International Journal of Science and Mathematics Education, 21,* 2005-2025. https://doi.org/10.1007/s10763-022-10338-7

Herbst, P. y Kosko, K. W. (2014). Using representations of practice to elicit mathematics teachers' tacit knowledge of practice: a comparison of responses to animations and videos. *Journal of Mathematics Teacher Education, 17,* 515-537. https://doi.org/10.1007/s10857-013-9267-y

Ivars, P., Fernández, C. y Llinares, S. (2020). A Learning Trajectory as a scaffold for pre–service teachers' noticing of students' mathematical understanding. *International Journal of Science and Mathematics Education, 18,* 529–548. https://doi.org/10.1007/s10763-019-09973-4.

Ivars, P., Fernández, C., Llinares, S. y Choy, B.H. (2018). Enhancing noticing: Using a hypothetical learning trajectory to improve pre-service primary teachers' professional discourse. *Eurasia. Journal of Mathematics, Science and Technology Education, 14*(11), em1599. https://doi.org/10.29333/ejmste/93421

Lave, J. y Wenger, E (1991). *Situated learning. Legitimate peripheral participation.* Cambridge University Press. https://doi.org/10.1017/CBO9780511815355

Llinares, S. (2013). Professional noticing: A component of the mathematics teacher's professional practice. *Sisyphus-Journal of Education, 1*(3), 76-93.

Llinares, S. y Fernández, C. (2021). Mirar profesionalmente la enseñanza de las matemáticas: características de una agenda de investigación en Didáctica de la Matemática. *La Gaceta de la RSME, 24*(1), 185-205. https://gaceta.rsme.es/abrir.php?id=1625

Pearn, C., & Stephens, M. (2004). Why you have to probe to discover what year 8 students really think about fractions. In I. Putt, R. Faragher, & M. McLean (Eds.), *Mathematics education for the third millenium: Towards 2010 (Proceedings of the 27th Annual Conference of the Mathematics Education Research Group of Australasia)* (pp. 430–437). MERGA.

Samková, L. y Tichá, M. (2017). On the way to observe how future primary school teachers reason about fractions. *Journal on Efficiency and Responsibility in Education and Science, 10*(4), 93-100. https://doi.org/10.7160/eriesj.2017.100401

Stafylidou, S., & Vosniadou, S. (2004). The development of students' understanding of the numerical value of fractions. *Learning and Instruction, 14*(5), 503-518. https://doi.org/10.1016/j.learninstruc.2004.06.015

Van Dooren, W., Lehtinen, E., & Verschaffel, L. (2015). Unraveling the gap between natural and rational numbers. *Learning and Instruction, 37*, 1–4. https://doi.org/10.1016/j.learninstruc.2015.01.001

Van Es, E. A. y Sherin, M. G. (2008). Mathematics teachers' "learning to notice" in the context of a video club. *Teaching and teacher education, 24*(2), 244-276. https://doi.org/10.1016/j.tate.2006.11.005

4ª Parte:
El grupo ARA en una región plurilingüe

Grupos de Alto Rendimiento Académico (ARA) y Didáctica de la Lengua Española y sus Literaturas desde la perspectiva de tres asignaturas obligatorias

M. T. del-Olmo-Ibáñez, J. Rovira-Collado y M. Ruiz-Bañuls

INTRODUCCIÓN

Con la implantación del programa de *Alto Rendimiento Académico* (ARA) en el Grado de Maestro en Educación Primaria se abrió la oportunidad de trabajar con un grupo de alumnado motivado y de dimensiones reducidas, con intereses concretos, un expediente académico notable y una competencia lingüística en lengua inglesa muy destacada. Una vez finalizada la segunda promoción de este programa, esta investigación realiza una panorámica para describir la importancia de la Didáctica de la Lengua y la Literatura y el rol de la lengua española y sus literaturas en la formación de estos docentes de Educación Primaria.

En este trabajo se describen los contenidos específicos de las tres asignaturas obligatorias sobre la enseñanza de la lengua española y sus literaturas durante la etapa de Educación Primaria y cómo estas configuran un espacio específico en la formación del alumnado con Alto Rendimiento Académico.

Las asignaturas analizadas son las siguientes: en el primer curso *Lengua y Literatura Española para la Enseñanza Primaria* (17514); en el tercer curso *Didáctica de la Lengua y la Literatura Española para la Educación Primaria* 17541); y en cuarto curso *Didáctica de la Lectura y la Escritura* (17530).

Como coordinadores de estas tres asignaturas y docentes de los grupos analizados, consideramos que esta propuesta es un espacio para la innovación y formación didáctica, porque nos permite trabajar con grupos motivados y reducidos, donde las dinámicas de interacción y participación son mucho más ricas.

Se han analizado los resultados generales del alumnado en las distintas promociones de cada asignatura para ver la evaluación del aprendizaje a lo largo de los años, marcados también por la transformación educativa provocada por la crisis del COVID-19. También se reflexiona sobre la importancia de la formación plurilingüe en este programa en una comunidad con dos lenguas cooficiales. Al igual que la lengua castellana en el currículo de Educación Primaria, estas tres asignaturas forman un continuo que vertebra la formación lingüística y literaria de las futuras maestras y maestros de Primaria en el estado español.

ALTO RENDIMIENTO ACADÉMICO (ARA) EN LA UNIVERSIDAD

En el curso académico 2010-2011 la Conselleria de Educación, Formación y Empleo de la Generalitat Valenciana puso en marcha el programa ARA junto con las universidades públicas valencianas. Los grupos escogidos de ARA permiten profundizar en los contenidos de las asignaturas y ofrecer mejores resultados (Alarcón Montiel, et al. 2019). Esto no significa que los otros grupos no puedan ofrecer excelentes resultados (de la Orden y González, 2005), pero en los ARA las expectativas son siempre mayores.

A lo largo de los años se han realizado distintas investigaciones sobre las posibilidades didácticas de estos grupos, sobre otras titulaciones como en Ingeniería Informática (Azorín-López, et al. 2015) o específicas sobre la implantación en la Facultad de Educación (Sanmartín y Pérez-Sánchez, 2019; Sanmartín, 2021), muchas de estas enfocadas en la importancia de la docencia en inglés en la universidad. Por lo tanto, la importancia del Aprendizaje Integrado de Contenidos y Lenguas Extranjeras (AICLE; en inglés *Content and Language Integrated Learning*, CLIL) es fundamental en el desarrollo de este proyecto (Mateo Guillén, et al. 2021), y muchos docentes de otras asignaturas han demostrado su capacidad para impartir docencia en inglés en el ámbito universitario (Martín del Pozo, 2013), como veremos en otros capítulos de este monográfico. Sin embargo, la docencia y contenidos de las tres asignaturas analizadas sigue siendo la lengua española y sus literaturas, como aprendizaje curricular fundamental en la formación de cualquier docente en el estado español.

Al ser grupos reducidos esto nos permite mayor atención al alumnado y realizar distintas propuestas de innovación educativa. No debemos olvidar además que durante el periodo analizado (2019-2024) tuvo lugar la crisis sanitaria provocada por el virus del Covid-19, con gran impacto en la educación mundial a todos los niveles (Bonilla-Guachamín, 2020; Umaña-Mata, 2020; Velásquez, 2020) y experiencias concretas en el ámbito español (Hernández Ortega, y Álvarez-Herrero, 2021; Trujillo-Sáez, 2020). Aunque parece que ese episodio se ha superado, en nuestras asignaturas también pudimos incluir algunas propuestas de aprendizaje digital como los Recursos Educativos Abiertos, que han beneficiado el aprendizaje del alumnado universitario (Gómez-Trigueros et al., 2020; Rovira-Collado et al., 2021a) o el uso del aprendizaje móvil (Fernández y Tabuenca, 2020).

DIDÁCTICA DE LA LENGUA ESPAÑOLA Y SUS LITERATURAS EN UN CONTEXTO PLURILINGÜE

España es un estado con distintas lenguas cooficiales, por lo que la formación lingüística es distinta en todas las universidades, aunque el área de Didáctica de la Lengua y la Literatura ya está consolidada en la mayoría de ellas (Aguilar, 2022) como encargada de la formación didáctica para la enseñanza de lenguas del futuro profesorado de Educación Infantil, Primaria y Secundaria. Tal situación permite que cada universidad tenga un plan de estudios con algunas diferencias que nos permiten adecuarnos a la realidad sociolingüística de la zona geográfica en donde está situada.

En la Universidad de Alicante (España), la Didáctica de las Lenguas y la Literatura se imparte desde el Departamento de Innovación y Formación Didáctica, con la sección de Lengua Inglesa y la sección de Lengua

Española. Además, los contenidos de Lengua Catalana se imparten desde el Departamento de Filología Catalana. Debemos recordar que el sistema valenciano es bilingüe, con dos lenguas maternas (Valenciano y Castellano) en la formación del alumnado escolar a lo largo de todas las etapas educativas, junto con una importancia cada vez mayor de la Lengua Inglesa, desde las primeras etapas como Educación Infantil (Cortina y Andúgar, 2018).

Como hemos señalado, los grupos ARA focalizan la atención en la adquisición de competencias en Lengua Inglesa, con distintas asignaturas impartidas en esta lengua. Obviamente, como lengua curricular nuestras asignaturas se imparten en Lengua Española, ya que se centran en los contenidos lingüísticos y didácticos que cualquier maestra o maestro de Educación Primaria debe conocer para el correcto desarrollo de la competencia en comunicación lingüística en castellano, como lengua común de todo el estado español.

No entraremos aquí en citar o comparar los contenidos de las otras asignaturas de perfil lingüístico (catalán o inglés) que recibe el alumnado del grupo ARA, pero es fundamental la coordinación y el trabajo colaborativo entre las y los docentes de todas estas asignaturas, no solamente en los grupos ARA.

Hay un responsable de la docencia y coordinación de *Didáctica de la Lengua Inglesa* (17519), la única asignatura obligatoria de Lengua Inglesa de nuestro grado. Además, es la Vicedecana de Movilidad y principal impulsora de los grupos ARA en nuestra Facultad. También existe otra asignatura de *Lengua Extranjera para maestros de Educación Primaria: Francés* (17509) pero con un único grupo y con poca matrícula. En el actual plan de estudios, también se imparten tres asignaturas obligatorias centradas en la lengua catalana, coordinadas, entre otros, por el director/a del Secretariado de Lenguas de nuestra universidad, el director del Departamento de Filología Catalana en estos momentos o el secretario de la Facultad de Educación.

Además, existen distintas asignaturas optativas de las áreas de Filología Catalana, Filología Inglesa y Didáctica de la Lengua y la Literatura que permiten ofrecer un amplio catálogo de oportunidades para la formación lingüística y literaria de las futuras maestras y maestros de Educación Primaria. Hablar y escuchar, leer y escribir como habilidades comunicativas básicas, junto con el fomento de la lectura y el disfrute de la Literatura como el arte de las palabras desarrollando el hábito lector (Ruiz-Bañuls et al., 2023), son aprendizajes imprescindibles en la etapa de Educación Primara y el área de Didáctica de la Lengua y la Literatura se ocupa de la formación más adecuada posible de las futuras maestras y maestros en este campo.

DESCRIPCIÓN DE LAS ASIGNATURAS

Las tres asignaturas analizadas son las siguientes:

Tabla 1. Datos generales de las asignaturas

Código	Sigla	Nombre
17514	1LLEP	*Lengua y Literatura Española para la Enseñanza Primaria*
17541	3DLL	*Didáctica de la Lengua y la Literatura Española para la Educación Primaria*
17530	4DLE	*Didáctica de la Lectura y la Escritura*

Como se puede observar, cada asignatura lleva vinculada una sigla más transparente que indica también el curso en el que se imparte. Posteriormente se incluye al final de esta el año de docencia, aunque no son totalmente correlativos, porque la primera y tercera asignatura se imparten en el primer cuatrimestre, entre septiembre y diciembre de cada año, mientras que la segunda, de tercero, es en el segundo periodo lectivo entre febrero y mayo de cada curso académico. Por lo tanto, en 1LLEP y 4DLE el segundo número es la primera parte del curso, final del año natural, mientras que en 3DLL es al principio del año, final del curso académico.

No tenemos espacio para desarrollar los contenidos principales de cada asignatura, desarrollados en las guías docentes disponibles en Internet para diferenciarlas y demostrar la construcción de un itinerario sólido y necesario en la formación lingüística y literaria del futuro profesorado de

Educación Primaria. Simplemente recogemos los tres contextos de asignatura del último curso académico, para poder presentarlas mínimamente.

Lengua y Literatura Española para la Enseñanza Primaria (17514)

Trata de ofrecer al alumnado del Grado de Educación Primaria información adecuada y estrategias de actuación encaminadas a conseguir el desarrollo suficiente de las competencias necesarias para el desarrollo eficaz de la actividad educativa referida a la Lengua y a la Literatura Castellanas en el contexto educativo de la Enseñanza Primaria.

Se relaciona directamente con las asignaturas de Didáctica Específica determinadas en el currículo [...] y con la enseñanza de las destrezas básicas y de las habilidades de comunicación escrita y oral. También se relaciona con la formación general en las destrezas comunicativas del alumnado como individuo social integrado en un grupo uno de cuyos fundamentos es el uso del lenguaje como capacidad diferencial del ser humano, y de sus manifestaciones artísticas y culturales como elemento de especificidad y reconocimiento. Fuente: https://cvnet.cpd.ua.es/Guia-Docente/GuiaDocente/Index?wcodest=C254ywcodasi=17514ywlengua=esyscaca=2023-24#

Didáctica de la Lengua y la Literatura Española para la Educación Primaria (17541

La asignatura se centrará en el desarrollo de aspectos didácticos referidos a la enseñanza de la lengua en la etapa de Primaria. Se trabajará de manera directa la didáctica de la oralidad, y de la lectura y la escritura. Será imprescindible estudiar el contexto de la actuación didáctica de acuerdo con los planteamientos administrativos que regulan el sistema y en los que se inscribe necesariamente la actuación docente. Fuente: https://cvnet.cpd.ua.es/Guia-Docente/GuiaDocente/Index?wlengua=esywcodasi=17541yscaca=2023-24

Didáctica de la Lectura y la Escritura (17530)

En el contexto de la formación del profesorado del área de Lengua y Literatura Castellana, consideramos imprescindible atender de manera especial a la didáctica de la formación de la competencia literaria del alumnado de Educación Primaria. Se trata de concluir la formación didáctica del profesorado tomando como punto de referencia la lectura y la escritura de intención estética, como complemento de especificidad dentro de la competencia lectoescritora. Se trata de abordar tanto las opciones relacionadas con lo que consideramos literatura "canónica" en español, como con la Literatura Infantil y Juvenil (LIJ española e hispanoamericana) como producción literaria específica de la etapa en la que trabajamos. [...]. También se ha considerado la importancia significativa de abordar el acceso a mensajes de intención literaria desde soportes diferentes al soporte papel, analizando las posibilidades de la lectura multimodal en formato cómic, digital o elementos audiovisuales que favorezcan el desarrollo de la competencia literaria. Fuente: https://cvnet.cpd.ua.es/Guia-Docente/ GuiaDocente/Index?wlengua=esywcodasi=17530yscaca=2023-24

La primera asignatura 1LLEP es un repaso de los contenidos generales de lengua y literatura que cualquier estudiante debe haber recibido en la educación obligatoria, incluyendo el Bachillerato, para reconocer que la lengua española y sus literaturas es una materia obligatoria que acompaña al alumnado escolar desde las primeras etapas. Más allá de los contenidos que se imparten en Primaria, el alumnado de 1LLEP debe conocer los contenidos principales de Lengua Española y sus literaturas, de los que seguramente se habrá evaluado en la prueba de acceso a la universidad, pocos meses antes de empezar la asignatura.

La segunda asignatura 3DLL, que se imparte en el segundo cuatrimestre del tercer curso, es la presentación de los contenidos generales del área de conocimiento, centrándose tanto en la descripción y concreción curricular como en los procesos cognitivos que intervienen en la expresión oral, escrita y en la lectura con el objetivo de sentar las bases necesarias para la adquisición de una adecuada competencia comunicativa en las primeras edades, si bien se centra en los textos no literarios, que son materia específica en la asignatura de cuarto. Esta asignatura prepara al alumnado para adquirir consciencia de la importancia del desarrollo individual de esa competencia imprescindible tanto para el maestro como para su alumnado en la Educación Primaria en todo su desarrollo personal, incluido el académico.

La tercera asignatura 4DLE se centra más en los procesos de lectura y escritura, tanto en el ámbito académico como en el literario, siendo la Educación Literaria (Aguilar, 2020) y la lectura multimodal los contenidos centrales de la misma. Esta asignatura se imparte de manera intensiva en el primer cuatrimestre del cuarto curso, justo antes de empezar el segundo periodo de prácticas.

Como hemos señalado, cada asignatura lleva una sigla asociada, lo que nos permite diferenciar los 10 grupos analizados. Son los siguientes:

· Primer curso: *Lengua y Literatura Española para la Enseñanza Primaria* (17514, con cinco promociones 1LLEP19, 1LLEP20, 1LLEP21, 1LLEP22 y 1LLEP23);

· Tercer curso *Didáctica de la Lengua y la Literatura Española para la Educación Primaria* (17541, con tres promociones, 3DL22, 3DLL23 y 3DLL24);

· Cuarto curso *Didáctica de la Lectura y la Escritura* (17530, con dos promociones, 4DLE22 y 4DLE23).

RESULTADOS ACADÉMICOS

Lengua y Literatura Española para la Enseñanza Primaria (17514):

Tabla 2. 1LLEP. Distribución del alumnado en los diferentes cursos académicos

Curso	Total	Hombres	Mujeres
2019-2020	26	8	18

2020-2021	33	4	29
2021-2022	28	8	20
2022-2023	27	10	17
2023-2024	32	9	23

Como podemos observar, la distribución es la habitual en los Grados de Maestro en Educación Primaria, con un mayor porcentaje de mujeres en los grupos ARA. Son agrupamientos más pequeños frente a los otros de la asignatura, que rondan las 50 personas inscritas, lo que permite una mayor atención del profesorado y participación del alumnado.

Tabla 3. 1LLEP. Calificaciones obtenidas en las diferentes promociones

Curso	MH	Sobresaliente	Notable	Aprobado	Suspenso	NP
2019-2020	1	7	16	1	1	0
2020-2021	1	6	19	5	1	1
2021-2022	1	3	22	1	1	0
2022-2023	1	6	12	4	2	2
2023-2024	2	8	17	2	1	2

En esta tabla podemos observar que, aunque son considerados grupos de Alto Rendimiento Académico, no siempre son de "excelencia académica", porque la distribución de notas es similar a la de otros grupos de mañana, mucho más numerosos, aunque sí que hay diferencias generalmente con los grupos de tarde, que de partida acceden con un expediente peor. Cabría esperar una mayor diferencia en las notas más altas, pero es bastante similar a otros grupos, y también encontramos alumnado suspenso o no presentado, hecho que no debería entenderse en una clase más reducida y motivada y con mayor atención por parte del profesorado.

Didáctica de la Lengua y la Literatura Española para la Educación Primaria (17541)

Tabla 4. 3DLL. Distribución del alumnado en los tres años

Curso	Total	Diferencia con 1LLEP	Hombres	Mujeres
2021-2022	13	26 (-13)	3	10
2022-2023	18	33 (-15)	2	16
2023-2024	13	28 (-15)	4	9

Al ser una asignatura de tercer curso, por ahora solamente tenemos resultados de 3 promociones. Hemos incluido una columna para analizar la continuidad del alumnado, viendo la diferencia con el alumnado de esa promoción a lo largo de los años. No es correspondiente al alumnado de cada curso escolar, sino correlativo a los que empezaron en el primer curso y así sucesivamente. En algún caso desciende porque el número de alumnos y alumnas en este curso es inferior debido a que una parte considerable del alumnado este cuatrimestre está realizando una estancia Erasmus o internacional, sobre todo porque es un alumnado con interés por el aprendizaje de lenguas.

Además, debemos destacar que en la mayoría de los casos el alumnado coincide en más del 90% de las clases, lo que permite formar un grupo estable. Esta es otra de las diferencias fundamentales con otros de la asignatura. En este curso el grupo ARA es ya un equipo de trabajo consolidado donde todo el alumnado se conoce perfectamente, frente a otros grupos de la asignatura, mucho más grandes y donde la movilidad del alumnado es mayor, creándose nuevos equipos de trabajo en cada asignatura.

Tabla 5. 3DLL. Calificaciones obtenidas en los tres cursos

Curso	MH	Sobresaliente	Notable	Aprobado	Suspenso	NP
2021-2022	1	4	7	1	0	0

| 2022-2023 | 1 | 12 | 4 | 0 | 0 | 1 |
| 2023-2024 | 0 | 8 | 5 | 0 | 0 | 0 |

Respecto a la evaluación, observamos que se mantienen los mismos resultados que en la asignatura anterior, con notas excelentes, así como un "Aprobado" y un "No presentado". En este curso, al quedar el alumnado muy reducido por las estancias en el extranjero de muchos de sus integrantes, el seguimiento del progreso diario, el trabajo colaborativo y dialógico son más accesibles tanto para el profesor como para los y las estudiantes. Consecuentemente, la actividad docente y el aprendizaje resultan muy productivos. Debe destacarse, asimismo, el incremento que se produce en cuanto al desarrollo de la competencia emocional con respecto a la materia impartida, la relación entre el alumnado y con la profesora.

Ese número de estudiantes permite realmente establecer una comunicación muy productiva que sería deseable y muy recomendable en todos los grupos, como corresponde a los planteamientos del Plan Bolonia. Los resultados evidencian las diferencias en todos los sentidos entre estos grupos (con alumnado más motivado de por sí en muchos aspectos puesto que asumen integrar un grupo de alto rendimiento) y el resto de los grupos de la asignatura, la mayoría de ellos entre 50 y 60 individuos, lo que dificulta la docencia y las relaciones personales en todos los sentidos.

Didáctica de la Lectura y la Escritura (17530)

Tabla 6. 4DLE. Distribución del alumnado en los dos cursos académicos finalizados

Curso	Total	Diferencia con 1LLEP	Diferencia con 3DLL	Hombres	Mujeres
2022-2023	23 (y 4 Erasmus)	26 (-3)	13 (+10)	5	18
2023-2024	22 (y 3 Erasmus)	33 (-11)	18 (+4)	3	19

El grupo se reduce, aunque aparecen más personas matriculadas al principio de curso, ya que algunos estudiantes la siguen cursando como Erasmus. Aunque sea un grupo ARA, es lógico que algunas personas abandonen los estudios a lo largo del grado. Pero a través de las diferencias con la asignatura 3DLL, podemos señalar que es en ese momento cuando gran parte del alumnado ARA se va de Erasmus, siendo un porcentaje muy grande de las personas que disfrutan de esta experiencia.

Tabla 7. 4DLE. Calificaciones obtenidas en los dos cursos

Curso	MH	Sobresaliente	Notable	Aprobado	Suspenso	NP
2022-2023	1	7	11	3	0	1
2023-2024	1	10	8	3	0	0

Al reducirse y consolidarse el grupo, vemos que mejoran los resultados. Es lógico al no estar seguramente algunas personas que sí estuvieron en las anteriores asignaturas. Sin embargo, sigue apareciendo alguna nota baja. Los aprobados de ambos años corresponden a estudiantes que han realizado un examen muy flojo, posiblemente por las características de la docencia intensiva y compensan con la nota práctica, que generalmente es excelente. En esta asignatura tenemos algunas actividades como las constelaciones multimodales (Rovira-Collado et al., 2021b) como ejemplos de innovación educativa donde los grupos ARA ofrecen excelentes resultados.

ACTIVIDADES DE INNOVACIÓN EDUCATIVA EN ESTOS GRUPOS

Como hemos señalado, las características de estos grupos permiten una mayor atención, desarrollando actividades de trabajo colaborativo concretas que favorecen el aprendizaje. Además, al ser los coordinadores de estas asignaturas hemos podido realizar algunas propuestas concretas para cada grupo.

Algunas actividades recogidas en la página web de Departamento de Innovación y Formación Didáctica [https://difd.ua.es/es/departamento-de-innovacion-y-formacion-didactica_noticias.html] son:

En 1LLEP19, durante su estancia de investigación predoctoral entre noviembre y diciembre de 2019, la profesora mexicana Damiana Leyva Loría realizó un taller de creatividad literaria en las clases prácticas del primer grupo ARA.

En 3DLL23, en mayo de ese año, profesorado de la Universidad Estatal de Lenguas Del Mundo De Uzbekistán asistieron a las clases del grupo ARA para conocer la metodología aplicada durante su visita a la Universidad de Alicante. Asimismo, en abril de 2024, asistieron simultáneamente a la asignatura una profesora de la Universidad Roma Tre y otra de la Universidad de la Educación de Cracovia. Además de la observación de las clases y su aportación, se realizó una actividad de interculturalidad a través de la gastronomía. Las invitadas explicaron las tradiciones de sus países teniendo como pretexto los productos que trajeron con ellas puesto que se había preparado desde el momento en que se organizó la visita. Igualmente, el alumnado presentó una muestra de productos de la provincia de Alicante según sus pueblos de origen. Además, hubo espacio para el plurilingüismo puesto que el diálogo se realizó en español, pero las explicaciones incluyeron términos de las lenguas de las profesoras extranjeras y otros también del valenciano.

Aunque los contenidos se han aplicado a todos los grupos, podemos destacar algunas líneas de trabajo del área de las que se han beneficiado los grupos ARA.

En primer lugar, se ha profundizado en la importancia de la formación en Español, como lengua adicional (ELA) con distintas publicaciones (Del-Olmo-Ibáñez y Villarrubia, 2023) y la importancia de la multiculturalidad y multilingüismo (Del-Olmo-Ibáñez et al., 2023). Estas investigaciones han permitido la celebración de distintos seminarios de investigación, que en 2024 han llegado al *III Seminario Internacional sobre el español como lengua adicional para la educación no universitaria,* organizado junto a la Cátedra Unesco Educación, Investigación e Inclusión Digital y el Instituto

Universitario de Investigación Ortega Marañón, con la Universidad Roma Tre y la Universidad de las Indias Occidentales, instituciones que organizan dicho seminario de manera estable y que tienen prevista su celebración este curso [https://catedraunesco.ua.es/es/documentos/programa-8-5-24.pdf].

En segundo lugar, la apertura del canon de lecturas hacia la literatura hispanoamericana (Ruiz-Bañuls et al., 2023) para el aula de Educación Primaria ha sido el objetivo central de los *Seminarios Internacionales de Literatura Hispanoamericana en el aula*, que en 2024 llegaron a la VI Edición. Estos encuentros se desarrollan online y están disponibles en el canal del *Centro de Estudios Literarios Iberoamericanos Mario Benedetti* de nuestra universidad [https://www.youtube.com/c/cemabua/live], durante el primer cuatrimestre del año académico, lo que ha permitido la participación de alumnado ARA de 1LLEP y 4DLE desde su primera edición en 2019.

Los contenidos generales de todas las asignaturas son los mismo que los de los otros grupos, pero en los estudiantes analizados a lo largo de 5 años siempre se ha aportado algún contenido extra, principalmente bibliografía complementaria en inglés para reforzar la importancia del aprendizaje en los grupos ARA (Tabuenca y Andúgar, 2023).

DISCUSIÓN Y CONCLUSIONES

Como hemos señalado, los grupos ARA pueden ser un espacio de innovación y aprendizaje cooperativo. Sin embargo, por nuestra experiencia en el aula, consideramos que se hace necesario señalar algunas cuestiones.

En primer lugar, no son como tal, grupos de Alto Rendimiento Académico, porque es un alumnado con una calificación media, donde predominan los notables e incluso encontramos algún suspenso. Aunque la evaluación va mejorando según pasan los cursos y el grupo-clase se consolida.

En la mayoría de los casos, el grupo se configura por los conocimientos de inglés de partida del alumnado, y la disposición a formar parte de estos grupos. Sin embargo, se debería también filtrar por el expediente académico de acceso, o de alumnado que ya formaba parte de grupos similares en Secundaria y Bachillerato para configurar verdaderos grupos de Alto Rendimiento Académico.

El alumnado obviamente tiene un buen nivel de inglés, objetivo central del proyecto que favorece la movilidad e internacionalización del alumnado. Pero en las otras lenguas, obligatorias en currículum escolar, castellano y valenciano, dato que nos confirma el profesorado de Filología Catalana, está absolutamente dentro de la media de los grupos de mañana, que son más grandes.

En algunos casos, nos hemos encontrado con estudiantes cuya lengua materna es el inglés, que tienen un perfil idóneo para estos grupos, pero en estos casos podemos destacar en algún caso las carencias o rechazos a las dos lenguas oficiales.

Se ha realizado un estudio global de los resultados, pero todavía no se han cumplido las cinco promociones completas, lo que nos permitiría tener unos datos más elaborados.

Además, el estudio se ha realizado de forma anónima, sin analizar los resultados específicos de cada estudiante y su recorrido académico. Tal vez como futura línea de investigación sería interesante realizar un estudio de caso y analizar individuos concretos y comparar los resultados con estudiantes de otros grupos. Quizás, sería conveniente realizar reuniones docentes de cada curso de las distintas asignaturas ARA, para analizar las características de cada grupo, al igual que se realizan evaluaciones en la educación obligatoria.

Un hecho definitorio es que dentro del proceso de enseñanza- aprendizaje resulta muy beneficioso trabajar con grupos reducidos como es el ARA. Además, entre ellas también se genera un mejor clima de trabajo y mayor compañerismo al ser un grupo pequeño que comparte espacios al estar en todas las asignaturas juntos. Aunque, obviamente el alumnado ARA tiene una perspectiva más internacional que los otros grupos de la asignatura, reconoce la importancia de la lengua española y sus literaturas para su futura labor docente en Educación Primaria.

REFERENCIAS

Alarcón Montiel, E., Piña Osorio, J. M., García Valcárcel, A. y Tejedor, F. J. (2019). Perfiles de socialización familiar en estudiantes universitarios de alto rendimiento académico. *Perfiles educativos, 41*(165), 62-80. https://doi.org/10.22201/iisue.24486167e.2019.165.58742

Aguilar Ródenas, C. (2020). La necesidad de la educación literaria en LIJ en la formación inicial de maestras y maestros. *Lenguaje y Textos*, 51, 29–40. https://doi.org/10.4995/lyt.2020.12315

Aguilar Ródenas, C. (2022). La DLL en la universidad pública: una aproximación al estado de la cuestión en la formación inicial de maestras y de maestros (2014-2015/2019-2020). *Lenguaje y Textos*, 56, 39–55. https://doi.org/10.4995/lyt.2022.13562

Azorín-López, J., et al. (2015). Investigación en metodologías de aprendizaje para grupos ARA en la materia de arquitectura de computadores. En *Investigación y Propuestas Innovadoras de Redes UA para la Mejora Docente* (pp. 1544-1564). Universidad de Alicante.

Bonilla-Guachamín, J. A. (2020). Las dos caras de la educación en el COVID-19. *CienciAmérica, 9*(2), 89-98.

Cortina-Pérez, B., y Andúgar Soto, A. (2018). *Didáctica de la lengua extranjera en Educación Infantil*. Ediciones Pirámide.

Del-Olmo-Ibáñez, M. T., y Villarrubia Zúñiga, M. S. (2023). Monográfico VI. Lengua materna y lenguas adicionales. Investigaciones y reflexiones sobre su didáctica. *Porta Linguarum Revista Interuniversitaria De Didáctica De Las Lenguas Extranjeras*, (VI), 9–11. https://doi.org/10.30827/portalin.viVI.28704

Del-Olmo-Ibáñez, M. T., Medina-Beltrán, M.-F. y Rovira-Collado, J. (2023). Perception of Future Spanish Primary Education Teachers on Their Multicultural and Multilingual Competencies and the Sustainability of the Educational System. *Sustainability 15*(17). https://doi.org/10.3390/SU151713123

De la Orden, A., y González, C. (2005). Variables que discriminan entre alumnos de bajo y medio-alto rendimiento académico. *Revista de Investigación Educativa, 23*(2), 573–599. https://revistas.um.es/rie/article/view/98261

Fernández Molina, J. y Tabuenca Cuevas, M. F. (2019). Aprendizaje móvil y aprendizaje combinado en la asignatura de AICLE en los Grados de Educación Primaria y Educación Infantil. *3C TIC. Cuadernos de desarrollo aplicados a las TIC, 8*(2), 84-101. https://doi.org/10.17993/3c tic.2019.82.84-101

Gómez Trigueros I., Rovira-Collado J. y Ruiz-Bañuls M. (2020). Transformación de MOOC en REA: rutas literarias para aprender español a través de Google Earth. *MOOC2move Proceedings.* https://hal.archives-ouvertes.fr/hal-02860276

Hernández Ortega, J. y Álvarez-Herrero, J. F. (2021). Perspectivas docentes de los efectos educativos originados por la covid-19 en España. *Hacia un modelo de investigación sostenible en educación,* (pp. 812-824). Dykinson.

Martín del Pozo, M. Á. (2013). Formación del profesorado universitario para la docencia en inglés. *REDU. Revista de Docencia Universitaria, 11*(3), 197-208. https://doi.org/10.4995/redu.2013.5526

Mateo Guillén, C., Martínez Roig, R., y Berenguer Betrián, R. (2021). Innovations in Content and Language Teaching by integrating EdTech in the new Higher Education paradigm. En *Investigando nuevos paradigmas en Educación* (pp. 105-115). Octaedro.

Rovira-Collado, J., Tabuenca Cuevas, M., Del Olmo Ibáñez, M.T. y Ruiz-Bañuls, M. (2021a). MOOC2move y OER como experiencias digitales educativas durante el COVID-19. En *Redes de Investigación e Innovación en Docencia Universitaria: Volumen 2021,* (pp. 151-60). Universidad de Alicante.

Rovira-Collado, J., Ruiz-Bañuls, M., Martínez Carratalá, F. A., y Gómez Trigueros, I. M. (2021b). Intertextualidad y multimodalidad en constelaciones transmedia: una propuesta interdisciplinar en la formación docente. *Tejuelo: Didáctica de la Lengua y la Literatura. Educación, 34,* 111-142. https://doi.org/10.17398/1988-8430.34.111

Ruiz-Bañuls, M., Miras, S., y Llorens García, R. F. (2023). *Desfronterizando lecturas: Propuestas exocanónicas para el aula.* Aula Magna.

Ruiz-Bañuls, M., Ballester Pardo, I., y Martínez Carratalá, F. A. (2024). Educación literaria, herramientas digitales y ODS: Análisis de percepciones entre el alumnado universitario en formación. *Prisma Social: revista de investigación social, 45,* 97-116.

Sanmartín, R., y Pérez-Sánchez, A. M. (2019). Evaluación de las motivaciones, beneficios y dificultades encontradas por alumnado de primer curso de Magisterio durante la asignatura Psicología del Desarrollo en inglés. En *Investigación en Innovación en la Enseñanza Superior. Nuevos contextos, nuevas ideas* (pp. 399-408). Octaedro.

Sanmartín-López, R. (2021). Percepciones hacia el grupo de Alto Rendimiento Académico (ARA) entre alumnado universitario ARA y no ARA de Ciencias de la Actividad Física y el Deporte. En *Nuevos retos educativos en la enseñanza superior frente al desafío COVID-19*. (pp. 132-142) Octaedro.

Tabuenca Cuevas, M. y Andúgar Soto, A. (2023). Plurilingualism, multilingualism and teacher training: a case study. En *Retos en el sistema educativo ante la multiculturalidad y el plurilingüismo: Educación Primaria y Secundaria* (pp. 225-232) Octaedro.

Trujillo-Sáez, F. (ed.) (2020). *Aprender y enseñar en tiempos de confinamiento*. Los Libros de la Catarata.

Umaña-Mata, A. C. (2020). Educación superior en tiempos de COVID-19: oportunidades y retos de la educación a distancia. *Revista Innovaciones Educativas, 22,* 36-49.

Velásquez, R. (2020). La educación virtual en tiempos de Covid-19. *Revista científica internacional, 3*(1), 19-25.

Uso de la lengua valenciana como medio para fortalecer las competencias profesionales de maestros/as en formación.

M. del M. Camús Ferri, M. J. Iglesias Martínez y I. Lozano Cabezas

1. INTRODUCCIÓN

La pluralidad lingüística en las aulas de Educación Infantil y de Educación Primaria es un hecho incuestionable. En una sociedad en la que la multiculturalidad es una pieza clave para comprender las interrelaciones entre las personas, se encuentra nuestro alumnado tratando de integrarse en un contexto en el que las distintas lenguas oficiales y cooficiales interactúan con un mismo objetivo (Byram & Golubeva, 2020; Dietz, 2017; Neubauer et al., 2022; Valle, 2021): una eficaz y eficiente comunicación para un excelente aprendizaje y una conveniente inserción social.

En este sentido, las/los docentes en formación han de asumir la responsabilidad de prepararse para afrontar los retos lingüísticos a los que se enfrentan de acuerdo con la comunidad en la que van a desempeñar su labor (Del Carpio, 2018; Escarbajal & Leiva, 2017). Ciertamente, en la Comunidad Valenciana, se estima necesaria una adecuada competencia lingüística en la lengua valenciana debido a que se trata del medio lingüístico cooficial utilizado en su propio entorno socio-cultural.

El uso del valenciano en nuestros contextos educativos es, en consecuencia, vital para tener la capacidad de movilizarse y superar las barreras y limitaciones que puede suponer su uso en los distintos ámbitos de la vida: social, cultural, comunicativo, laboral (OECD, 2020). Además, la diversidad lingüística es una realidad en el mundo en el que habitamos y, por ello, es necesaria la inclusión lingüística en los centros educativos (Carter-Thuillier et al., 2017). De hecho, uno de los Objetivos de Desarrollo Sostenible que se nos propone a partir de la elaboración de la Agenda 2030 tiene que ver con lograr una formación de calidad, para lo que, en la Comunidad Valenciana, si se desea que el alumnado de Educación Infantil y de Primaria disfrute de un excelente aprendizaje, se precisan docentes preparados, además de en conocimientos teórico-prácticos, de capacidades comunicativas que les permita que su alumnado aprenda la lengua, sea materna o no, sea oficial o cooficial, de su entorno para ser solvente en la vida (Louzao, 2015).

El objetivo es normalizar el uso habitual de la lengua cooficial valenciana en los contextos educativos valencianos para ampliar las posibilidades de integrarla en las escuelas y en las universidades y que sea el vehículo de transmisión de aprendizajes y de comunicación de nuestra cultura y de nuestra educación, ya que es patrimonio lingüístico por naturaleza y una seña de identidad propia de nuestra comunidad. Y el primer logro es incluirlo en la formación de maestros/as de Educación Infantil y Primaria para que puedan extender su utilización debidamente en las escuelas, asegurándonos de que su competencia lingüística les permite ser válidos/as en capacidades comunicativas para enseñar al alumnado, y que éste aprenda (Elosua, 2018; García, 2019).

En definitiva, las/los docentes en formación que se están preparando para ser maestros y maestras de Educación Infantil y Primaria en las universidades para nuestra comunidad deben de asumir la responsabilidad de utilizar la lengua valenciana como vehículo de comunicación y aprendizaje para que los niños y niñas de las escuelas puedan aprender y ser solventes en la lengua cooficial de la comunidad, y logren un aprendizaje de excelencia y de calidad que les permita abrir posibilidades laborales futuras y de inserción laboral, sabiendo que la diversidad lingüística enriquece y amplía perspectivas de futuro de nuestro alumnado.

2. OBJETIVOS

Este estudio se realiza, por tanto, con el objetivo de conocer la concepción de maestros/as de Educación Primaria en formación acerca del uso del valenciano como medio para fortalecer las competencias profesionales que los/las capacitan para su ejercicio profesional, examinar las habilidades comunicativas y otras capacidades que adquieren durante la utilización del valenciano como lengua de aprendizaje en su contexto académico universitario, identificar los beneficios de uso del valenciano durante la formación de las/los maestros, analizar las dificultades que éstos encuentran al utilizarlo en contexto académico universitario y establecer propuestas de mejora que posibiliten la inclusión del valenciano en el ámbito educativo universitario.

3. METODOLOGÍA

La metodología de investigación utilizada es cualitativa, y trata de comprender el fenómeno de la inclusión del valenciano en el ámbito educativo universitario como medio para fortalecer las competencias profesionales del alumnado que se prepara para ser maestro/a de Educación Primaria, para lo que se han analizado experiencias cotidianas educativas y la profundidad de una realidad que va más allá de lo plausible (Flick, 2004; Huber et al., 2013; Kelchtermans, 2014; Vasilachis, 2006). Se ha empleado la biografía-narrativa, por ser una estrategia específica de la metodología cualitativa en educación (Bolívar & Domingo, 2019), ya que posibilita acercarnos a una adecuada comprensión del fenómeno de estudio sobre la inclusión del valenciano y su uso en contextos educativos universitarios (Giner et al., 2018).

3.1 Descripción del contexto y de las/los participantes

Durante el año 2024, participaron 28 docentes en formación para maestro/a de Educación Primaria de la Universidad de Alicante. Estos docentes pertenecían al grupo de estudiantes ARA (Alto Rendimiento Académico), cuya lengua materna es el castellano, y la asignatura que cursaron fue Diseño de los procesos educativos en la Educación Primaria. De la totalidad, 54% eran mujeres (n=15), y el 46% eran hombres (n=13). La media de edad oscilaba entre los 20 y los 30 años. La muestra fue intencional, y no probabilística.

3.2 Instrumentos

El instrumento utilizado ha sido la entrevista semi-estructurada, con el fin de recopilar los datos y favorecer el alcance de nuestro estudio (Trinda-de, 2016). Esta entrevista ha sido validada por tres expertos en educación e investigación cualitativa. Asimismo, se ha elaborado a partir de una serie de cuestiones abiertas y preestablecidas a las que las/los participantes respondieron, diseñadas de acuerdo con los objetivos de investigación del trabajo.

3.3 Procedimiento

Con el consentimiento de las/los participantes, las entrevistas se recogieron vía e-mail. Para ello, se informó sobre el propósito del estudio y se aseguró la participación voluntaria y el anonimato de los datos. Una vez recogidos los datos, se diseñó el sistema de codificación a través del método deductivo, validado por tres expertos en investigación cualitativa. Con este sistema, se realizó el análisis de las secuencias narrativas mediante el programa informático AQUAD 7 (Huber & Gürtler, 2012).

De este modo, los códigos y subcódigos obtenidos se describieron en la sección de resultados y se argumentaron en la de discusión.

4. RESULTADOS

Los resultados han sido clasificados en 5 temáticas relacionadas con los objetivos de investigación planteados para el estudio. Se muestran, a continuación, organizados en tablas, con los códigos hallados tras el análisis de las 580 secuencias narrativas de los participantes. Para el análisis y descripción de los resultados se ha valorado el porcentaje de la Frecuencia Absoluta (%FA).

4.1 Temática 1

La Tabla 1 contiene los códigos y subcódigos referidos a la temática 1 de nuestro estudio, con los que se ha analizado *la concepción que las/los docentes en formación de Educación Primaria tienen sobre la inclusión de la lengua valenciana como medio para fortalecer sus competencias profesionales en el ámbito educativo universitario*. De acuerdo con éste, se trata de una lengua que forma parte de su patrimonio, cuyo uso les permite mejorar su competencia lingüística y adaptarse a su entorno, lo que se advierte a través del código *1.1 Competencia lingüística*, el cual recibe el mayor porcentaje en contraste con el resto de códigos para esta temática:

Su utilización en clase es una base para tener capacidad lingüística valenciana el día de mañana. (Participante 08)

TABLA 1. *Concepción de la inclusión de la lengua valenciana en el ámbito académico universitario*

Códigos inferenciales Temática 1. Concepción lengua valenciana en ámbito universitario	Frecuencia Absoluta	%FA	Media	Casos con hallazgos
1.1 Competencia lingüística	55	45,83%	1,96	55
1.2 Diversidad lingüística	35	29,27%	1,25	35
1.3 Educación calidad	30	25,00%	1,07	30

El código *1.2 Diversidad lingüística* contiene los hallazgos con los que las/los maestros en formación participantes consideran, en menor proporción que con el código anterior (29,27%), que la utilización de la lengua valenciana en la universidad es resultado de comprender que es una lengua cooficial que manifiesta la aceptación de la diversidad lingüística en el ámbito educativo:

Emplear el valenciano es importante en la universidad porque refuerza la importancia de la diversidad lingüística. (Participante 15)

Con el código *1.3 Educación calidad*, se identifica, aunque de forma más liviana (25,00%), que, para las/los docentes estudiantes de magisterio, es una oportunidad para cumplir con el principio que nos habla sobre la educación de calidad y la integración de las lenguas de nuestro patrimonio en un contexto real:

Para que la educación sea de calidad en nuestra comunidad, tenemos que dominar el valenciano y hay que ponerlo en práctica en clase. (Participante 25)

4.2 Temática 2

En la Tabla 2, se muestran los códigos referidos a la temática 2 de esta investigación, con los que se identifican *las habilidades comunicativas y otras capacidades que las/los docentes en formación adquieren al incluir la lengua valenciana como lengua de aprendizaje en su contexto académico universitario.*

Por un lado, con el código *2.1 Expresión oral*, es visible, con notoriedad (*30,77%*), que, para las/los participantes, su utilización en el salón de clases universitario les permite mejorar sus habilidades para la expresión oral en lengua valenciana:

Cuanto más las usas, mejor te expresas, si la usas en la universidad es mejor para nosotros por eso. (Participante 06)

TABLA 2. *Habilidades comunicativas y otras capacidades que adquieren al usar la lengua valenciana como lengua de aprendizaje*

Códigos inferenciales Temática 2. Habilidades comunicativas y otras capacidades	Frecuencia Absoluta	%FA	Media	Casos con hallazgos
2.1 Expresión oral	40	30,77%	1,42	40
2.2 Expresión escrita	32	24,62%	1,14	32
2.3 Comprensión lectora	30	23,07%	1,07	30
2.4 Escucha activa	28	21,54%	1,00	28

Por otro lado, se concibe, aunque de forma menos destacada (24,62%), que, para las/los maestros en formación, que utilizar la lengua valenciana como medio de aprendizaje en el aula les sirve para incrementar sus habilidades de expresión escrita, prestando atención a la coherencia, cohesión y adecuación de los textos escritos que elaboran (*2.2 Expresión escrita*):

> *Haces menos faltas y el texto es más comprensible porque te fijas más en lo que quieres decir y lo corriges.* (Participante 24)

Además, se indica, con una ligera diferencia representada con el 23,07%, que su inclusión y utilización aumenta considerablemente la habilidad de las/los docentes en formación para comprender los textos escritos en valenciano (*2.3 Comprensión lectora*):

> *Te ves obligado a leer en valenciano y te acostumbras y cada vez lees un poco más rápido y mejor* (Participante 12)

También es visible, en un 21,54%, que les ayuda a mejorar la escucha activa puesto que reciben información en valenciano y deben de procurar comprenderla para dar respuesta e interiorizar el aprendizaje (*2.3 Escucha activa*):

> *Aprendes que tienes que escuchar más activamente para poder entender y responder.* (Participante 04)

4.3 Temática 3

Los códigos que identifican la temática 3 de nuestra investigación advierten *los beneficios de la utilización de la lengua valenciana en el ámbito académico universitario por parte de las/los maestros en formación*, recogidos, como se observa a continuación, en la Tabla 3.

En este sentido, las/los participantes explican, en un destacado 45,84%, que al utilizar la lengua valenciana en el salón de clases de universidad adquieren mayor naturalidad y fluidez a la hora de hablar en esta lengua, y se sienten mejores comunicadores y más solventes y preparados para utilizarla en el aula de Primaria en un futuro (*3.1 Comunicación oral*):

Te sientes más fluido y natural a medida que la vas usando, y te ves más preparada para el día de mañana. (Participante 18)

TABLA 3. *Los beneficios de la utilización del valenciano en el ámbito académico universitario*

Códigos inferenciales Temática 3. Beneficios encontrados	Frecuencia Absoluta	%FA	Media	Casos con hallazgos
3.1 Comunicación oral	55	45,84%	1,96	55
3.2 Conciencia lingüística	35	29,17%	1,25	35
3.3 Equidad e inclusión	30	25,00%	1,07	30

Señalan, aunque más ligeramente, en un 29,17%, que las/los docentes en formación adquieren una mayor conciencia lingüística al reflexionar sobre los aspectos formales de la lengua valenciana y ser más conscientes de utilizarla con propiedad (*3.2 Conciencia lingüística*):

Somos más cuidadosas al utilizarla porque vemos que debemos usarla bien y de forma formal, no de cualquier modo. (Participante 23)

Asimismo, se explica, aunque con una menor cantidad de hallazgos (25,00%), que es beneficioso utilizar el valenciano porque aplican el principio de equidad e inclusión lingüística y cumplen con formarse para una educación de calidad (*3.3 Equidad e inclusión*):

Incluir el valenciano te hace respetar la lengua como igual de importante que el resto en el aprendizaje y la incluyes en tu saber. (Participante 20)

4.4 Temática 4

Para la temática 4, se han identificado los códigos que se recogen en la Tabla 4 de nuestro estudio, estableciendo *las dificultades que los/las docentes en formación encuentran al utilizar la lengua valenciana en el ámbito académico universitario.*

En concreto, con el código *4.1 Intolerancia error*, las/los participantes afirman que uno de los motivos que les dificulta utilizar la lengua valenciana en las sesiones de aprendizaje universitarias es el miedo a equivocarse y no tolerar el error cometido como aprendizaje para mejorar su competencia lingüística en valenciano:

Me cuesta participar en clase en valenciano porque me equivoco y no quiero porque voy a ser maestro, siento vergüenza. (Participante 26)

TABLA 4. *Dificultades halladas al utilizar la lengua valenciana durante la formación de las/los maestros de universidad*

Códigos inferenciales Temática 4. Dificultades halladas	Frecuencia Absoluta	%FA	Media	Casos con hallazgos
4.1 Intolerancia error	50	50,00%	1,78	50
4.2 Inseguridad	26	26,00%	0,92	26
4.3 Empleo barbarismos	24	24,00%	0,85	24

Asimismo, se detalla, en segundo lugar, como se aprecia en la comparativa de los códigos presentados en la Tabla 4 (26,00%), que les limita utilizar el valenciano, además, porque no sienten la seguridad de emplearlo por no ser su lengua materna (*4.2 Inseguridad*):

> *Me es más fácil en castellano porque es mi lengua materna, no estoy tan seguro al usar el valenciano.* (Participante 02)

Aunque con menor número de narrativas identificadas, representadas con un 24,00%, se indica que les es complicado controlar la utilización de barbarismos y castellanismos por no tener dominio de la lengua valenciana (*4.3 Empleo barbarismos*):

> *Hago muchos barbarismos que paso del castellano al valenciano para poder decir las cosas porque no domino.* (Participante 01)

4.5 Temática 5

Finalizamos con la temática 5 y los códigos que se recogen en la Tabla 5 de nuestro estudio, con la que se concluye haciendo referencia a algunas *propuestas de mejora para incluir la utilización de la lengua valenciana en el ámbito académico universitario como medio para fortalecer las competencias profesionales de las/los docentes.*

En concreto, las/los maestros en formación están de acuerdo, con un destacado 47,27%, en que la alternativa más indicada para superar las dificultades que tienen al utilizar la lengua valenciana para aprender y, en un futuro, para enseñar, es que se incluya su formación basándonos en el enfoque comunicativo de las lenguas porque cuando más la dominan es cuando más la utilizan en contextos reales (*5.1 Enfoque comunicativo*):

> *Igual que un niño o niña necesita el enfoque comunicativo, nosotros también para usarla en contexto real.* (Participante 28)

TABLA 5. *Propuestas de mejora que favorecen la inclusión del uso de la lengua valenciana en el ámbito académico universitario*

Códigos inferenciales Temática 5. Propuestas de mejora	Frecuencia Absoluta	%FA	Media	Casos con hallazgos
5.1 Enfoque comunicativo	52	47,27%	1,85	52
5.2 Actividades lúdico-pedagógicas	30	27,28%	1,07	30
5.3 Talleres y proyectos	28	25,45%	1,00	28

Como se aprecia en la comparativa de los códigos presentados en la Tabla 5 (27,28%), para las/los docentes en formación, actividades lúdicas y pedagógicas que se incorporen durante las sesiones de aprendizaje en las que se utiliza la lengua valenciana pueden ayudar a mejorar su competencia lingüística porque no sienten la presión de estar siendo examinados y están disfrutando mientras utilizan el valenciano en el aula (*5.2 Actividades lúdico-pedagógicas*):

Con actividades más lúdicas y no tan exigentes, nos soltaríamos más y aprenderíamos mucho, no estás presionado por hacer las cosas perfectas. (Participante 08)

Asimismo, se afirma que el desarrollo de talleres y proyectos vinculados con el aprendizaje de la lengua valenciana también serían muy útiles (*5.3 Talleres y proyectos*):

Talleres en valenciano o de valenciano, y algunos proyectos nos serían de gran ayuda (Participante 04)

5. DISCUSIÓN

Con este estudio, se dilucida una estrecha relación entre la inclusión de la lengua valenciana en contextos académicos universitarios y la mejora de las competencias profesionales del estudiantado de maestro/a de Primaria.

Además, se ha favorecido el alcance de los objetivos propuestos para esta investigación, organizando los resultados en cinco temáticas, que emergen de las entrevistas recopiladas y el análisis de las narrativas de las/los participantes.

Con este propósito, y, desde las contribuciones de las/los participantes, se comprende que las/los maestros en formación conciben el uso de la lengua valenciana en el ámbito académico universitario clave para mejorar su competencia lingüística en la lengua cooficial de nuestra comunidad, desarrollando una mayor conciencia y aplicación de los principios educativos relacionados con el desarrollo de la diversidad lingüística y el logro de una educación de calidad. Ser maestro/a implica dominar el uso de la lengua oficial, pero, además, de la lengua cooficial que se utiliza en la comunidad en la que ejerce su labor dado que le otorga mayores posibilidades de llegar a su alumnado, y que aprenda respetando su propio patrimonio lingüístico, así como la multiplicidad de lenguas en la que se puede ver envuelto en cualquier circunstancia (Byram & Golubeva, 2020; Neubauer et al., 2022; Valle, 2021). En otras palabras, el plurilingüismo es una ventaja tanto para el profesorado que se dedica a la enseñanza como para el alumnado que disfruta del aprendizaje.

Específicamente, las/los docentes advierten que mejoran sus habilidades comunicativas relacionadas con las cuatro destrezas básicas en lengua valenciana que han de dominar para poder dedicarse a la docencia en la Educación Primaria en la Comunidad Valenciana, perfeccionando sus capacidades en expresión oral, expresión escrita, comprensión lectora y escucha activa. En otras palabras, se incentiva el desarrollo de la competencia profesional lingüística que debe de dominar cualquier docente para dedicarse a la enseñanza, especialmente cuando se trata de niños y niñas de escuela que están aprendiendo la lengua con la que comunicarse e interactuar en su propio entorno. Ser docente no es solamente acumular conocimientos, sino tener habilidades para la comunicación, entre otras, para un aprendizaje de excelencia y de calidad (Dietz, 2017; Del Carpio, 2018; Escarbajal & Leiva, 2017).

No obstante, se destacan ciertas dificultades que obstaculizan el uso del valenciano en el salón de clases universitario, como la intolerancia al error, o el miedo a equivocarse mientras utilizan la lengua en clase; la inseguridad que sienten por no tratarse de su lengua materna, sino complementaria a la de su uso habitual o el abuso de empleo de barbarismos para poder solucionar las problemáticas para expresarse en lengua valenciana, recurriendo a su primera lengua para poder configurar su pensamiento hablado. Ya sabemos que el componente emocional es clave para poder incentivar el componente cognitivo, especialmente cuando se trata de integrar una lengua que no es la habitual y a la cual hay que acostumbrarse, sin miedos, a utilizar (Carter-Thuillier et al., 2017).

A pesar de ello, se señala que mejoran sus habilidades como comunicadores orales, adquiriendo una mayor conciencia lingüística de la lengua que forma parte de su patrimonio lingüístico y vivenciando los principios educativos de la equidad y la inclusión lingüística educativas (OECD, 2020). Tal y como es sabido, igual que a andar, se aprende a andando, a comunicar, se aprende comunicando, y la utilización de la lengua valenciana es la pieza vital para aprender a dominarla (Elosua, 2018; García, 2019).

Finalmente, se realizan algunas propuestas que pueden facilitar la inclusión de la lengua valenciana como medio para fortalecer las competencias profesionales de las/los docentes en formación en el ámbito académico universitario, entre la que se destaca el uso del enfoque comunicativo de las lenguas, el desarrollo de actividades lúdico-pedagógicas y la realización de talleres y proyectos en valenciano.

6. CONCLUSIONES

La inclusión de la lengua valenciana como medio para fortalecer las competencias profesionales del alumnado estudiante de maestro/a de Primaria es beneficiosa en tanto en cuanto les permite mejorar el dominio de esta lengua como medio para aprenderla y utilizarla en contextos educativos reales y, en un futuro, para dedicarse a la enseñanza con niños/as de la escuela con una mayor solvencia. Se trata de un campo relacionado con la educación y la formación universitaria que ha de seguir siendo objeto de investigación puesto que, tal y como se vislumbra en este estudio, promueve las habilidades comunicativas en lengua valenciana de los maestros/as que van a dedicarse a la docencia en nuestra comunidad. Se trata de un recurso valioso en el proceso formativo de las/los docentes en formación y requiere seguir siendo investigado, ampliando la muestra objeto de estudio, cambiando el contexto profesional, consiguiendo más resultados y encontrando otras estrategias, recursos y experiencias educativas que contribuyan a una excelente formación universitaria profesional.

7. REFERENCIAS

Bolívar, A., y Domingo, J. (2019). *La investigación (auto)biográfica en educación*. Barcelona: Octaedro.

Byram, M., y Golubeva, I. (2020). Conceptualising intercultural (communicative) competence and intercultural citizenship. En J. Jackson (Ed.), *The Routledge handbook of language and intercultural communication* (pp. 70-85). Routledge.

Carter-Thuillier, B., López Pastor, V. M., y Gallardo Fuentes, F. J. (2017). Inmigración, deporte y escuela. Revisión del estado de la cuestión. *Retos: Nuevas tendencias en Educación Física, Deporte y Recreación, 32*, 19-24. https://doi.org/10.47197/retos.v0i32.51514

Del Carpio, K. B. (2018). La educación y la escuela: herramientas de esperanza. *Revista de Educación Inclusiva, 11*(2), 41-48. https://bit.ly/3Y3Hc5S

Dietz, G. (2017). Dietz, G. (2017). Interculturalidad: una aproximación antropológica. *Perfiles Educativos, 39*(156), 192-207. bit.ly/3Ntk787

Elosua, Paula (2018). Diversidad lingüística y evaluación en centros multilingües. *RELIEVE, 24*(2), art. 1. http://doi.org/10.7203/relieve.24.2.11414

Escarbajal Frutos, A., y Leiva Olivencia, J. J. (2017). La necesidad de formar en competencias interculturales como fundamento pedagógico: un estudio en la Región de Murcia (España). Profesorado. *Revista de Currículum y Formación de Profesorado, 21*(1), 281-293. https://bit.ly/408gc7Y

Flick, U. (2004). *Introducción a la investigación cualitativa*. Madrid: Morata.

García, Y. (2019). Diversidades culturales desde una concepción plural en el aula de Educación Primaria y Secundaria. Revista Prisma Social, 25, 66-83. https://bit.ly/3Yu8XpV

Huber, G. L., y Gürtler, L. (2012). *AQUAD 7. Manual del programa para analizar datos cualitativos* (1. Es. 2003, *Tübingen: Ingeborg Huber Verlag*). Tübingen: Günter Huber. Recuperado de www.aquad.de [24/06/2024]

Huber, J., Caine, V., Huber, M. y Steeves, P. (2013). Narrative inquiry as pedagogy in education: The extraordinary potential of living, Telling, retelling, and reliving stories of experience. *Review of Research in Education, 37*, 212-242. https://doi.org/10.3102/0091732X12458885

Kelchtermans, G. (2014). Narrative-biographical pedagogies in teacher education. In C. Craig, & L. Orland-Barak (Eds.), *International Teacher Education: Promising Pedagogies* (Part A) (pp. 273-291). London: Emerald Group Publishing Limited.

Louzao, M. (2015). Diversidad lingüística y Educación Intercultural. Propuestas de actuación en Educación Infantil. *Revista Nacional e Internacional de Educación Inclusiva, 8*, 171-184. https://bit.ly/4eQjsJO

Neubauer, A., Álvarez Pavón, S., y Nicolás Ruiz, M. Ángeles. (2022). La diversidad sociocultural y lingüística en el desarrollo curricular: un estudio comparado en España, Finlandia e Irlanda. *Revista Española de Educación Comparada,* (41), 65–83. https://doi.org/10.5944/reec.41.2022.31018

OCDE. (2020). PISA 2018 Results. *Are students ready to thrive in an interconnected world?* Volume VI. https://bit.ly/4fovxvS

Trindade, V. (2016). Entrevistando en investigación cualitativa y los imprevistos en el trabajo de campo: de la entrevista semiestructurada a la entrevista no estructurada. En P. Schettini, & I. Cortazzo (Coords.), *Técnicas y estrategias en la investigación cualitativa* (pp. 18-34). Universidad Nacional de la Plata: Edulp.

Valle, J. M. (2021). Formar ciudadanos globales en el marco de las competencias clave de la Unión Europea. *Journal of Parents and Teachers, 386*, 33-39. https://bit.ly/3xYOUB2

Vasilachis, I. (2006). *Estrategias de investigación cualitativa.* Barcelona: Gedisa.